Ferdinand Dieffenbach

Plutonismus und Vulkanismus

In der Periode von 1868-1872 und ihre Beziehungen zu den Erdbeben im

Rheingebiet

Ferdinand Dieffenbach

Plutonismus und Vulkanismus

In der Periode von 1868-1872 und ihre Beziehungen zu den Erdbeben im Rheingebiet

ISBN/EAN: 9783743354579

Hergestellt in Europa, USA, Kanada, Australien, Japan

Cover: Foto ©ninafisch / pixelio.de

Ferdinand Dieffenbach

Plutonismus und Vulkanismus

Plutonismus und Vulkanismus

in der Periode von

1868—1872

und ihre Beziehungen zu den

Erdbeben im Rheingebiet.

Auf Grund der neuesten Ergebnisse der wissenschaftlichen Forschung
und mit Berücksichtigung von mehr als
Tausend Erdbeben und Vulkanausbrüchen

dargestellt von

Ferdinand Dieffenbach.

Darmstadt.
G. Jonghaus'sche Hofbuchhandlung, Verlag.
1873.

Vorwort.

Die vorliegende Schrift erhebt den Anspruch, nicht etwa als belletristisches Erzeugniss, sondern als wissenschaftliche Arbeit gelten zu wollen, obgleich sie nach Form und Darstellung auch für das sogenannte gebildete Publikum bestimmt ist. Dem Verfasser gilt es darum, grössere Kreise für seine Sache zu gewinnen, weil er weiss, dass sich dann auch eine grössere Zahl solcher finden muss, die im Stande sein werden, zur Erforschung der noch nicht hinreichend ergründeten Naturphänomene beizutragen, mit welchen er sich hier beschäftigt.

Durch Sammlung des reichen Materials, welches die letzten Jahre geliefert, wollte er sich der Wissenschaft dienstbar erweisen. In dieser Beziehung glaubt er sich auch Ansprüche auf Dank erworben zu haben. Weniger erwartet er diesen, was die Behandlung des Gegenstandes anlangt. Nicht allein, dass er einzelne Theile seiner Arbeit gewissermaassen skizzenhaft ausführen musste, auch auf dem Gebiet der wissenschaftlichen Controversen, die, der Natur der Sache nach, nicht unberührt bleiben konnten, dürfte er sich Vorwürfe zuziehen. Er betritt vor Allem öfter das streitige Feld der Hypothese. Er sagt sich zwar, dass die Hypothese, sobald sie sich ehrlich bemüht mit den gefundenen wissenschaftlichen Thatsachen im Einklang zu bleiben, wenn sie auch nicht immer zur Erkenntniss der Wahrheit führte, wenigstens die planmässige Beobachtung förderte, allein er weiss auch, dass man ihm dennoch ihren zweifelhaften Charakter, ihren gewissermaassen illegitimen Ursprung, zum Vorwurfe machen kann. Nur zu gerne ist man geneigt, den, der eine Hypothese vertheidigt, geringschätzend abzuurtheilen und ihn zu schelten, wie Bako von Verulam den Copernikus in seiner „Descriptio globi intellectualis", als einen Mann, „der Einfälle jeder Art in die Natur aufnimmt, wenn sie nur mit seinen Calculationen in Uebereinstimmung gebracht werden können." Geschah dieses damals schon, wo der Speculation ein weit grösserer Spielraum gelassen war, um wie viel lieber wird man solche Vorwürfe erheben in einer Zeit, in welcher eine grosse Zahl der Fachgelehrten ihr Behagen darin findet, nur das empirische Material zu vermehren.

Unerwartet schwanden diese Zweifel. Sie wurden zerstreut durch das neueste Werk von Professor Friedrich Zoellner: „Ueber die Natur der Kometen" (Leipzig bei Engelmann 1872), dessen treffende Charakteristik der heutigen deutschen Naturwissenschaft alles das sagt, was andere, die nicht gleich ihm auf der Höhe der Wissenschaft stehen, nicht zu sagen wagen durften. — Zoellners Worte werden weithin forthallen und manchem, der in dem in allen Zweigen der Naturwissenschaften heute um uns her liegenden Wust von Beobachtungen, nicht Weg und Steg zu finden weiss, werden sie der rettende Faden sein, der ihn aus dem Labyrinthe herausführt. Der Verfasser des Buchs „Ueber die Natur der Kometen" hat uns das wieder gegeben, was uns auf wissenschaftlichem Gebiete abhanden kam, während wir uns damit abmühten, es auf dem kirchlichen und dem politischen zu erobern — die Gedankenfreiheit, den dem deutschen Wesen angeborenen Hang zur Speculation. Für ihn sind Philosophie und exacte Forschung keine feindlichen Geschwister, er sieht vielmehr die neue Weltanschauung aus einem Bündnisse beider entspriessen und eröffnet uns die Aussicht auf eine die Welt umfassende Naturanschauung.

Von diesem Gesichtspunkte aus hat auch diese bescheidene Arbeit ein ganz klein wenig ihre Berechtigung. Sie versucht, indem sie die plutonischen Erscheinungen der letzten Jahre in ihrer Gesammtheit betrachtet, der Erforschung ihrer Gesetze näher zu kommen. Aus den Ergebnissen, welche die Vergleichungen und Gegenüberstellungen der verschiedenen Erscheinungen liefern, macht sie Rückschlüsse auf ihren Ursprung.

Der Verfasser hat bei seinen Betrachtungen die Rheingegenden in den Vordergrund gestellt und hierdurch scheinbar einen mehr localen Zweck, wie ihn etwa eine Monographie über die rheinischen Erdbeben haben würde, vor Augen gehabt. Dieses war jedoch durchaus nicht seine Absicht. Er hat nur darum dieses Verfahren eingehalten, weil er keinen günstigeren Standpunkt für seine Beobachtungen finden konnte. Er verhehlte sich nicht, dadurch ein perspectivisches Bild geschaffen zu haben, durch welches die Ereignisse im Rheinthal selbstverständlich eine Bedeutung erlangten, welche sie gegenüber den zum Theil riesenhaften vulkanischen Phänomenen, welche auf anderen Theilen der Erdoberfläche wahrgenommen wurden, nicht besitzen, zumal wir über die letzteren nicht die gleichen ausführlichen Nachrichten erhalten konnten. Er hofft aber, dass seine Leser vor dem Falschsehen behütet und selbst die Ursachen von unvermeidlichen Verzerrungen erkennen werden. Anderen mag es vorbehalten bleiben, von ihrem Standpunkte aus, sei es am Vesuv, oder auf dem vulkanischen Boden Peru's oder Mexiko's, ihn zu berichtigen und zu ergänzen. Man wird dann das klar und richtig sehen, was hier unklar und verzogen erscheint; er aber ist schon befriedigt, wenn nur das aus seiner Schrift hervorgeht, dass seine Anschauung im grossen Ganzen, seine Methode, die richtige ist!

Darmstadt, 1. December 1872.

Ferdinand Dieffenbach.

Inhalts-Verzeichniss.

		Seite.
I.	Einleitung.	1
II.	Geologische Beschaffenheit des Mittelrheingebiets.	6
III.	Chronologische Vertheilung der rheinischen Erdbeben.	7
IV.	Der hessische Erdbeben-Schauplatz.	10
V.	Synchronismus der Erdbeben.	13
VI.	Die Vesuv-Eruptionen.	17
VII.	Thätige und erloschene Vulkane Süd- und Mitteleuropas.	23
VIII.	Richtung der Erdstösse.	24
IX.	Bewegungsgeschwindigkeit der Erdstösse.	26
X.	Die muthmaassliche innere Beschaffenheit der Erde.	29
XI.	Periodicität des Plutonismus.	33
XII.	Die plutonischen und vulkanischen Erscheinungen von 1868 bis 1872.	34
XIII.	Vertheilung der Erdbeben über die verschiedenen Theile der Erde und ihr Auftreten in den verschiedenen Zeiten des Jahres.	36
XIV.	In wie weit kann der Mond auf die Thätigkeit des feuerflüssigen Erdinnern einen Einfluss äussern?	40
XV.	Welche Ergebnisse liefert die Erfahrung, insbesondere die Statistik der Erdbeben, und lassen dieselben eine Mitwirkung des Mondes und der Sonne auf die Entstehung von Erdbeben möglich erscheinen?	48
XVI.	Einstürze, welche vulkanische Erdbeben begleiten.	53
XVII.	Erdbeben und Meerfluthen.	54
XVIII.	Verzeichniss der vom 30. October bis 19. November 1869 in Gross-Gerau stattgehabten Erdstösse.	56
XIX.	Verzeichniss der zur Kenntniss gekommenen vom 1. Jan. 1869 bis 1. Oct. 1872 stattgehabten Erdstösse.	58
XX.	Vertheilung der Erdbeben während der Jahre 1869—71 auf der Erdoberfläche	94
XXI.	Vulkanausbrüche in der erwähnten Periode.	95
XXII.	Erscheinungen, welche das Auftreten der Erdbeben begleiteten.	100
XXIII.	Erdbeben und Stürme.	103
XXIV.	Elektrische und magnetische Erscheinungen, welche die Erdbeben zuweilen begleiten.	109

I. Einleitung.

Am 13. Januar 1869 Morgens 3½ Uhr erschütterte ein in Darmstadt mit besonderer Heftigkeit auftretender Erdstoss die zwischen Rhein, Main und Neckar gelegene Gegend des Mittelrheins. Man kann wohl sagen, dass die überwiegende Mehrheit der jetzt lebenden Generation mit diesem Phänomen unbekannt war. Um so grösser war daher die Beängstigung der Gemüther unter der Bevölkerung, die das, was sie sonst als unabänderlich feststehend zu betrachten gewohnt war, plötzlich in Schwanken gerathen sah, als sich später die Erdstösse wiederholten und noch an Stärke zunahmen. Aber auch an diese, in Deutschland seltenste aller Naturerscheinungen, gewöhnte man sich allmählich, so dass die Erdstösse und Erschütterungen, deren seitdem in unserer Gegend weit über Tausend erfolgten, schliesslich kaum mehr beunruhigten als die Gewitter. Sie begannen sogar in einem hohen Grade das öffentliche Interesse wachzurufen und eine Reihe aus gebildeten Kreisen stammender, dankenswerther Beobachtungen gelangte in Gestalt von Zeitungsnotizen in die Oeffentlichkeit. Diese mit dem vorhandenen wissenschaftlichen Material, sowie mit den anderwärts gemachten, von dem Verfasser zusammengestellten Beobachtungen in Einklang zu bringen, sie im Interesse der Wissenschaft zu verwerthen, ist der Zweck der gegenwärtigen Abhandlung.

Die Erdbeben, so sehr dieselben auch die jetzt lebende Generation überraschten, sind jedoch für die Rheinlande eine durchaus nicht neue Erscheinung.

Soweit die geschichtlichen Ueberlieferungen reichen, berichten die Baseler und Strassburger Chroniken, die Annales Fuldenses, Lersner und das Theatrum europaeum von Erdbeben in den Rheinlanden. Gewissenhafte historische Zusammenstellungen nach diesen Quellen findet man in J. Boegner's Werk: Das Erdbeben und seine Erscheinungen, Frankfurt 1847 und in der kürzlich erschienenen Schrift von Professor Dr. Jacob Noeggerath: Die Erdbeben im Rheingebiet in den Jahren 1868, 1869 und 1870, Bonn 1870. Noeggerath hat bis zum Jahr 1858 239 Erdbeben aufgezählt. Zweiundneunzig davon gehören unserem Jahrhundert an, woraus wir schliessen dürfen, dass die Zahl derjenigen, welche in früheren Jahrhunderten sich ereignete, muthmasslich eine noch weit erheblichere ist als diejenige, welche die geschichtlichen Aufzeichnungen ergeben. Es ist beinahe gewiss, dass man früher nur diejenigen, welche in grösseren Städten und innerhalb eines ausgebreiteteren Gebiets beobachtet wurden, registrirte. Kleinere Erschütterungen und vereinzelte Erdstösse fielen wohl rasch der Vergessenheit anheim.

Noch in neuester Zeit gingen einzelne Erdbeben unbeachtet vorüber. So erinnert sich Herr Justizrath Reatz in Darmstadt vor etwa fünfzig Jahren, als er das Gymnasium in Bensheim besuchte, daselbst ein Erdbeben erlebt zu haben, das sich nirgends aufgezeichnet findet.

Was die historische Begründung unserer Ansicht anlangt, genügt es für unsere Zwecke auf die oben erwähnten Werke hinzuweisen. Wir ergänzen die von Boegner und Noeggerath gegebenen Daten nur durch einige Angaben, welche darthun, dass insbesondere das Grossherzogthum Hessen, dessen Erdbeben neuerdings so grosses Aufsehen erregten, schon mehrfach von heftigeren Erschütterungen heimgesucht wurde.

Nach einer amtlichen, im Grossherzoglichen Archiv zu Darmstadt befindlichen, vom 15. Februar 1619 datirten Erklärung des Amtmanns Johannes Waitz zu Homburg vor der Höhe wurde am 20. Januar dieses Jahres in Usingen und an anderen Orten ein Erdbeben verspürt. Der Bürgermeister J. Osswald zu Giessen berichtet gleichfalls über zwei am 24. November 1689 und am 8. December 1690 stattgehabte Erdbeben.* In dem neuerdings so häufig genannten Gross-Gerau fand, um die Bezeichnung des damaligen landgräflichen Superintendenten Paul Angelus zu wiederholen, im November des Jahres 1588 ein „grosses schröckliches Erdbeben" statt, über welches sich die Aufzeichnungen der Pfarrherrn ausführlich verbreiten. Auch in einer späteren Epoche fanden in Gross-Gerau Erdbeben statt. In der Ortschronik der eine halbe Stunde von da gelegenen Pfarrei Büttelborn findet sich 1785 folgende Aufzeichnung: „In der Nacht vom 3. auf den 4. November und auch an diesem Tage des Nachmittags sind in dieser Gegend heftige Erdbeben verspürt, die aber — innigster Dank sei Dir lieber Gott dafür! — schadlos vorübergegangen sind."

Noch überzeugender als diese historischen Daten spricht aber die gesammte Formation des Rheinthals für die Anschauung, dass hier ehedem vulkanische Kräfte thätig waren, die von Zeit zu Zeit, obwohl in schwächerem Maasse, aufs Neue wieder aufleben.

Indem wir die Ursachen der rheinischen Erdbeben in Uebereinstimmung mit Noeggerath's oben erwähnter neuester Schrift, welcher (S. 11) „nur diejenigen Erklärungen, welche sie als ein vulkanisches Phänomen ansehen", gelten lassen will, in einer Thätigkeit vulkanischer Kräfte erblicken, ist es keineswegs unsere Absicht, wissenschaftlichen Autoritäten gegenübertreten zu wollen, welche es zulässig erscheinen lassen, Erdbeben auch auf andere als vulkanische Ursachen zurückzuführen. Wir halten vielmehr die in neuester Zeit geltend gemachte Ansicht, dass Erdbeben durch den Einsturz unterirdischer Hohlräume hervorgerufen werden können, in vielen Fällen für eine richtige. Alle diejenigen Erdbeben aber — und diese fassen wir hier allein ins Auge — welche sich über einen grossen Theil der Erdoberfläche verbreiten, welche in synchronistischen Beziehungen zu einander stehen und

---

* Die betreffenden Actenstücke wurden von Geheime Rath Dr. Baur in Nr. 324 der „Darmstädter Zeitung" vom Jahr 1869 mitgetheilt.

welche mit einer gesteigerten Thätigkeit der Vulkane zusammenfallen, glauben wir auch auf keine andere als auf vulkanische Ursachen zurückführen zu dürfen. Wir fussen hier auf dem von Cotta in seiner Geologie der Gegenwart S. 118 über diese Streitfrage Gesagten. Die betreffende Stelle lautet wörtlich:

„Niemand kann bestreiten, dass solche Einstürze vorkommen, und dass dabei — ebenso wie bei Berg- und Felsstürzen — erdbebenartige Bodenerschütterungen vorkommen. Noch in keinem nachweisbaren Falle aber hat eine solche durch Einsturz bedingte Erschütterung einen Flächenraum von mehr als 10 oder 20 Quadratmeilen betroffen, in allen Fällen aber, in welchen sich Einsturztrichter bildeten, war die Erschütterung sogar höchstens eine Meile weit bemerkbar, während die Verbreitungsgebiete der eigentlichen Erdbeben viele Hunderte, ja Tausende von Meilen einnahmen — das Lissaboner nach noch nicht widerlegten Angaben sogar 700,000 Quadratmeilen. Dieser Umstand ist ein Hauptgrund, welcher gegen den neueren Erklärungsgrund spricht; ein zweiter besteht darin, dass durch mehrere sehr ausgedehnte Erdbeben bleibende Erhebungen der festen Erdoberfläche verursacht wurden, die, über Hunderte von Quadratmeilen ausgedehnt 1 bis 10 Fuss betragen haben, während doch nach der Einsturztheorie unbedingt nur locale oder allgemeine Senkungen eintreten könnten. Die Vertheidiger derselben haben sich desshalb genöthigt gesehen, sowohl die behauptete Grösse der Erschütterungsgebiete, als auch die berichteten Erhebungen in Zweifel zu ziehen. Ist es nun sicher schon sehr bedenklich, wenn man, um einen neuen Erklärungsgrund aufrecht zu erhalten, genöthigt ist, die vorliegenden Berichte über Thatsachen zu bezweifeln, ohne sie wirklich widerlegen zu können, so wird dieser neue Erklärungsgrund um so unhaltbarer, da er nicht einmal hinreicht um die zugegebenen Thatsachen zu erklären; denn, wenn sich auch die nachgewiesenen Erschütterungsgebiete von Tausenden auf nur Hunderte von Quadratmeilen reduciren liessen, so wäre es der Einsturztheorie dennoch unmöglich, dieselben zu erklären. Da es undenkbar erschien, dass eine so weit um sich greifende Bodenerschütterung von einer localbeschränkten Ursache, gleichsam von einem Punkte ausgehe, so nahm man an, dass die Auswaschungen gleichzeitig sehr grosse unterirdische Hohlräume betroffen hätten. Das würde unter gewissen Beschränkungen ganz zulässig sein. Es können in einer bestimmten dazu geeigneten Erdschicht zahlreiche Höhlungen ungefähr gleichzeitig ausgewaschen werden und sobald eine derselben einstürzt, werden ihr alle anderen, ungefähr gleichzeitig, folgen, wenn sie auch für sich allein noch nicht reif dazu waren; aber die Grösse und Gestalt des auf diese Weise erschütterten Flächenraums würde dann immer von der Beschaffenheit des inneren Erdbaus abhängig sein. Das Erschütterungsgebiet könnte nicht viel grösser und nicht viel anders gestaltet sein, als die innere, horizontale Verbreitung der betreffenden Schicht. Wenn wir nun aber auf Karten die Erschütterungsgebiete der am besten bekannten Erdbeben betrachten und mit geologischen Karten derselben Gegend vergleichen, so ergibt es sich sehr bald, dass ihre Lage, Gestalt und Grösse durchaus nicht mit einem denkbaren unterirdischen Gesteinsverbreitungsgebiet übereinstimmt. Es wird dieses ganz besonders deutlich bei allen ausgedehnteren Erdbeben in der Schweiz, deren ziemlich gut bekannter innerer Bau ein äusserst wechselnder und complicirter ist; aber auch das Erdbeben, welches am 29. Juli 1846 den Mittelrhein erschütterte, liefert in dieser Beziehung einen höchst schlagenden Beweis gegen die Einsturztheorie."

Die rheinischen Erdbeben der letzten Jahre sind noch weit mehr als dasjenige des Jahrs 1846 Zeugen für die Richtigkeit der Ausführungen des gefeierten Geologen.

In keinem einzigen Falle wurde irgendwo auch nicht einmal eine leise Senkung des Terrains beobachtet, obwohl man, namentlich in Gross-Gerau, weil man ein Untersinken der Stadt befürchtete, in dieser Beziehung die sorgfältigsten Beobachtungen anstellte; obwohl man allein im Monat October und November 1869 viele Hundert Erdstösse und Erschütterungen zählte, von denen einzelne eine Dauer von 3—5, ja sogar von 7—10 Secunden aufwiesen, so dass die von Entsetzen ergriffene Bevölkerung trotz der feuchten und kalten Herbstnächte auf freiem Felde übernachtete.

Die gefürchteten Terrainsenkungen erfolgten nicht, weil in dem Erschütterungsgebiete alle Bedingungen für die Bildung unterirdischer, durch Auswaschungen verursachter Hohlräume fehlen, deren Einsturz etwa erdbebenartige Erschütterungen herbeiführen könnte.

Ungemein zahlreich sind dagegen die Indicien, die auf das Vorhandensein eruptiver Kräfte schliessen lassen.

II. Geologische Beschaffenheit des Mittelrheingebiets.

Die Grenze des Erschütterungsgebiets der rheinischen Erdbeben ist bezeichnet durch Gebirge, welche zu einem grossen, ja zum grössten Theil aus **plutonischen Gesteinen** und Uebergangsgebirge bestehen.

Diese Gesteine bilden das Gerippe des Rheinthals, auf welchem das oft nicht einmal besonders dicke Alluvium meistens beinahe unmittelbar aufgeschwemmt wurde.

Im ehemaligen französischen Departement des Ober-Rheins bedeckt das Urgebirge nach Delbos und Koechlin-Schlumberger (Description géologique du Departement du Haut-Rhin, Mulhouse 1867) 593 Quadratkilometer, oder $1/7$ der Oberfläche des ganzen Departements.

In noch höherem Maasse herrscht das Urgebirge in dem oberen Theil des Grossherzogthums Baden vor. Die ganze östliche Abdachung des Schwarzwalds ist aus Granit, die westliche aus Gneiss gebildet.

In unterm Theile Badens und des Elsasses macht das Urgebirge dem bunten Sandsteine und dem Muschelkalk Platz; es tritt dagegen in dem Grossherzogthum Hessen, in Nassau und in der preussischen Rheinprovinz wieder um so auffallender zu Tage.

Mehr als ein Drittel der Provinz Starkenburg, der Odenwald, ist aus Syenit, Granit und Gneiss gebildet und $3/4$ der Provinz Oberhessen, der Vogelsberg, besteht aus einer einzigen Basaltmasse, welche sich zwischen dem bunten Sandstein des Wesergebiets und dem Diluvium der Wetterau emporhebt.

An den Vogelsberg schliesst sich das devonische Gebilde des Taunus an; auf dem Donnersberg und Idar begegnet man wieder dem Porphyr, während weiter abwärts das weit ausgedehnte rheinische Uebergangsgebirge beginnt, das in der Eifel und im Westerwald wieder durch Basalt und vulkanische Gebilde unterbrochen wird.

Schon der Umstand, dass das innerhalb des eben bezeichneten Gebiets massenhaft auftretende Urgebirge sich zum Theil schroff neben dem Alluvium oder dem bunten Sandsteine emporhebt, die scharfen Kanten und steilen Abdachungen der Berge lassen darauf schliessen, dass man sich in dem Gebiet des deutschen Ober- und Mittelrheins auf einem Terrain befindet, innerhalb welchem ehedem bedeutende Umwälzungen statt hatten. Diese Vermuthung wird beinahe zur Gewissheit, wenn man die vereinzelten Basaltkuppen, den Hohentwiel, Kaiserstuhl, Otzberg und Rossberg ins Auge fasst, wenn man die wild zerklüfteten, sozusagen wirr unter einander geworfenen Hügel und Berge der Umgebung des Laacher Sees, sowie die ganze Gruppe der Eifelvulkane durchwandert und wenn man sich an die Syenitblöcke des Felsenmeers bei Reichenbach, sowie an die vielen, zum Theil heissen Mineralquellen erinnert, welche in dem bezeichneten, von den Vogesen, dem Schwarzwald, dem Donnersberg, Odenwald, Hundsrück, Vogelsberg, Eifel und Westerwald umgrenzten Gebiete entspringen.

III. Chronologische Vertheilung der rheinischen Erdbeben.[*]

In der nachfolgenden Uebersicht der rheinischen Erdbeben haben wir uns auf die Angabe des jeweiligen unge-

---

[*] Die mit * bezeichneten Erdbeben der Jahre 1869 und 1870 sind in der Noeggerath'schen Schrift nicht aufgeführt. Sie sind theils der Darmstädter Zeitung, theils Zusammenstellungen entnommen, welche die Allgemeine Zeitung enthielt. Diejenigen Erdbeben, welche nach Schluss der Noeggerath'schen Arbeit (6. April 1870) vorkamen, sind aus denselben Quellen geschöpft.

fähren Focus des Erdbebens beschränkt. Auf die zu dem Zwecke unserer Arbeit nicht erforderliche ausführliche Beschreibung des ganzen Stossgebietes jedes Erdstosses glaubten wir verzichten zu müssen, ohnediess ist dieselbe, was die Erdbeben der Jahre 1868, 1869 und einen Theil derjenigen des Jahres 1870 anlangt, bereits in der Noeggerath'schen Schrift, auf die wir in dieser Beziehung einfach verweisen, enthalten. Zur Vereinfachung der Arbeit haben wir uns nur auf die Angabe der **Erdbebentage** beschränkt, da die einzelnen Erdstösse, die sich auf mehrere Hundert, und wenn man alle Erschütterungen mit zählen will, auf mehr als Tausend belaufen, unmöglich hier alle aufgeführt werden konnten. Wo später die jeweilige Zu- oder Abnahme der Intensität der Erdbeben in Frage kommt, ist auch die tägliche Anzahl der Stösse aufgeführt.

In den Jahren 1868—1871 fanden in dem Gebiet des Rheins folgende Erdbeben statt.

1868.
August 29. Erdbeben im Regierungsbezirk Wiesbaden.
November 17. Erdbeben in der Rheinprovinz.
December 6. Erdbeben an der Porta Westphalica.

1869.
Januar 13. 20.
März 17.
Juni 22.
October 2. 9. 18. 27. 28. 29. 30. 31.
November 1. bis 30., mit Ausnahme des 9., an welchem keine grösseren Beben beobachtet wurden.
December 1. 2. 4. 5. 6. 7. 8. 9. 10. 11. 12. 13. 14. 15. 16. 17. 26.* 27.* 28.*

Ausserhalb des Rheinthals wurden von diesen Erdbeben nur diejenigen vom 13. Januar (in einem grossen Theile Süddeutschlands) und vom 25. November beobachtet. Mit Ausnahme desjenigen vom 17. März und vom 22. Juni (Bonn), vom 2. October (Bonn) und vom 14. December (Lörrach), beschränkten sich diese letzteren **ausschliesslich auf das zwischen Rhein, Main und Neckar gelegene Gebiet.** Ihr Focus ist im November und December ungefähr in gerader Linie unterhalb Gross-Gerau zu suchen, von wo aus sich nur die stärkeren Stösse bis Frankfurt und Mainz verbreiteten, während in dem nur drei Stunden entfernten Darmstadt eine weit grössere Zahl beobachtet wurde.

1870.

Januar	2. 6.* 14. 15.* 16. 17. 21. 22. 23. 26. 28. 29. 30.
Februar	5.* 14. 19. 20. 22. 26. 27. 28.
März	1. 2. 3. 4. 5. 6. 7. 8. 9. 11. 14. 15. 16. 17. 18. 23. 25. 29. 30. 31.
Mai	12. 14. 16. 29. 30.
Juni	2. 13. 14.
Juli	3. 5. 6. 7. 16.
September	16. 17.
October	13. 14.
November	7. 18.

Von den Erdbeben des Jahres 1870 wurden, soviel man den öffentlichen Blättern entnehmen konnte, ausserhalb des Rheinthals keine beobachtet: die überwiegende Mehrzahl beschränkte sich auf das Gross-Gerauer Gebiet. Ausserhalb desselben fanden nur am 14. Januar zu Darmstadt, am 5. Februar in Limpurg in Westphalen, am 26. Februar zu Basel, am 11. März zu Homburg vor der Höhe, am 18. März zu Markdorf und Friedrichshafen am Bodensee nnd am 21. März abermals in der Bodenseegegend grössere Erschütterungen statt.

1871.

Januar	25.
Februar	10. 11. 12. 14. 15. 16. 20. 25.
April	5.
Mai	5. 6. 26.
Juni	18.
Juli	27.
August	8. 15. 16. 30.
September	23.
November	10. 17. 18. 20. 21. 23. 25.

Mit Ausnahme derjenigen, welche am 17., 20. und 22. November auch zu Nassenfuss beobachtet wurden (sofern man einen Zusammenhang zwischen beiden Phänomen

gelten lassen will), beschränken sich auch die Erdbeben des Jahres 1871 in Deutschland ausschliesslich auf die Rheinlande und vertheilen sich dieselben auf folgende Erschütterungsgebiete.
Laacher See: 14. April und 15. August.
Frankfurt: 16. März.
Darmstadt: 20. und 25. Februar, 22. März, 5. April und 18. November.
Gross-Gerau: 25. Januar, 25. Mai und 27. Juli.
Gross-Gerau-Darmstadt-Reichenbach: 10. Februar und 17. November.
Reichenbach: 13. April, 5. und 6. Mai, 18. Juni, 8. 16. und 30. August und 17. November.
Reichenbach-Darmstadt-Lindenfels: 10. und 16. Februar und 10. 20. 21. 23. und 24. November.

1872.
März 6.
April 27.
Mai 15. 25.
September 20.
October 3.

Die bis jetzt beobachteten Erdstösse des Jahres 1872 beschränkten sich mit Ausnahme des in ganz Deutschland beobachteten Erdstosses vom 6. März, im Rheingebiet nur auf die Odenwaldgegend.

IV. Der hessische Erdbeben-Schauplatz.

Die Thatsache, dass mit Ausnahme einiger weniger Erderschütterungen, sämmtliche rheinische Erdbeben in das Gebiet zwischen Rhein, Main und Neckar, oder zwischen die Gebirgsketten des Vogelsbergs, Taunus und Odenwalds fallen — wir verweisen hier auf die von Noeggerath genau bezeichneten Stossgebiete — findet ihre Erklärung in der geologischen Bildung des Landes. Man befindet sich dort unmittelbar auf oder in nächster Nähe von plutonischen Bildungen. Man hat versucht, weil Gross-Gerau im Alluvium liegt, durch unterirdische Wasserströmungen und dadurch hervorgerufene Einstürze ausgewaschener Höhlen seine Erdbeben zu erklären; eine Erklärung, die aber einen starken Glauben voraussetzt, wenn man weiss, wie wasserarm unsere Gegend ist und wie namentlich die Beschaffung von Trinkwasser in neuester Zeit zu einer Existenzfrage für die Stadt Darmstadt geworden ist. Man hat diese Möglichkeit unterirdischer Wasserströmungen dadurch zu stützen versucht, dass man auf das alte Neckarbett, das auf sämmtlichen Specialkarten des Grossherzogthums verzeichnet ist, und welches an Gross-Gerau vorüberzieht, hinwies. Dem stehen aber die Gutachten der namhaftesten Geologen — ich erwähne Herrn Oberst Bekker und Herrn Director Ludwig zu Darmstadt — welche die Möglichkeit eines Laufs des Neckar an Lorsch und Gross-Gerau vorbei bis jetzt noch nicht festgestellt haben, entgegen. Die historische Forschung hat neuerdings dargethan, dass die ganze, von Wenk, Winkelmann und Anderen erzählte Geschichte von einer Ableitung des Neckar durch die Römer in das Bereich der historischen Mythen gehört. (Vergleiche die von dem Gesammtverein der Historischen Vereine Deutschlands approbirte Abhandlung von Ernst Wörner, Archiv für hessische Geschichte und Alterthumskunde, dreizehnter Band, erstes Heft, 1872).

Gross-Gerau vom 18. October 1869 bis Anfang 1871 der Focus der Erschütterungen, befindet sich, obwohl es mitten im Alluvium liegt, vulkanischen Bildungen nahe genug, um die Ursache seiner Erdbeben auf plutonische Kräfte zurückführen zu können. Von der Grenze des nach Osten hinziehenden Urgebirges liegt es nur drei Stunden entfernt, vier Stunden in nordwestlicher Richtung liegt die heisse Quelle Wiesbadens, vier Stunden nordöstlich von Gross-Gerau die Basaltkuppe des Rossbergs und noch drei Stunden weiter befindet sich diejenige des Otzbergs.

Reichenbach, seit dem 10. Februar 1871 der Focus der Erdbeben, ist fünf Stunden von Gross-Gerau entfernt und befindet sich mitten im Urgebirge. Der Felsberg, an dessen Fuss es liegt, zeigt ein Phänomen, das sich am besten und einfachsten aus vulkanischen Vorgängen erklären lässt. Ueber den ganzen südwestlichen Bergabhang des 1500 Fuss hohen Berges, sind vom Fuss bis zum Gipfel, auf eine Länge von wenigstens einer halben Stunde, Syenitblöcke der verschiedensten Grösse, oft zwanzig Fuss lang, ausgestreut und im bunten Durcheinander aus- und übereinander geworfen. Sie liegen so dicht, dass sie vielfach auf breite Strecken die Erdoberfläche vollständig bedecken, viele quer übereinander, andere auf ihrer schmalsten Fläche ruhend und senkrecht in die Höhe stehend, wie wenn sie in dem allgemeinen Gedränge und Geschiebe der abwärts stürzenden Massen unterst zu oberst gekehrt worden seien.

Der gesammte südliche Odenwald besteht jedoch aus Gneiss, so dass die merkwürdige Erscheinung durch die Annahme erklärt werden kann, eine vulkanische Kraft habe an dieser Stelle des Gebirgs gewaltsam ein Syenitlager emporgehoben, so dass es nunmehr zerborsten und in Tausenden unter- und übereinander gerollten Trümmern, den Bergabhang bedeckt.

Vier Stunden von diesem merkwürdigen Punkte befindet sich die Basaltkuppe Otzberg, ungefähr ebensoweit ist es zum vulkanischen Rossberg und etwa 6 Stunden entfernt ragt bei Eberbach am Neckar abermals eine Basaltkuppe empor. Ein unbestreitbar vulkanisches Gepräge besitzt sowohl die Umgebung von Eberbach, wie auch das nur $1^{1}/_{2}$ bis zwei Stunden von der Basaltkuppe des Otzbergs entfernte untere Mümlingthal. Das Alluvium, welches hier das Urgebirge berührt, legt in merkwürdiger Weise Zeugniss ab von nach seiner Entstehung noch stattgehabten vulkanischen Hebungen. Wirr sind in der Gegend von Rimhorn die zum Theil kegelförmig emporgehobenen Höhen zerklüftet. Die Sandsteinplatten des hier in der schieferförmigen Form vorkommenden rothen Sandsteins sind an vielen Stellen zerborsten, oder vereinzelt findet man ungeheure Sandsteinblöcke auf den Berghängen zerstreut; ein Syenitlager, das vielfach über tausend Fuss breit den Sandstein bei Dusenbach durchbricht, sowie Gneisslager, die nach dem Main hin in ähnlicher Weise zu Tage treten, lassen keinen Zweifel darüber, dass noch in einer späteren Epoche der Erdbildung vulkanische Kräfte im Odenwaldgebiete thätig waren.

In einer solchen Umgebung sind Erdbeben wohl eine keineswegs befremdende Erscheinung.

V. Synchronismus der Erdbeben.

Nicht allein die geologische Beschaffenheit des Flussgebiets des Rheins, sondern auch der synchronistische Zusammenhang, welcher sich zwischen den Erdbeben am Rhein und anderen Erdbeben und Vulkanausbrüchen nachweisen lässt, spricht für ihren vulkanischen Charakter.

Die Gross-Gerauer Erdstösse waren **beinahe jedesmal** mit vermehrter Intensität vernehmbar, wenn anderwärts, sei es in den Tropenländern, in Griechenland, Kleinasien oder dem Kaukasus, grosse Erdbeben Furcht und und Schrecken verbreiteten, oder wenn **der Vesuv**, den man gewissermassen als den Indicator für die Zu- oder Abnahme der vulkanischen Thätigkeit Europas betrachten kann, kräftigere Fumarolen ausspie.

Keine einzige der grösseren vulkanischen Perioden der letzten Jahre ging vorüber, an welcher das Rheingebiet, das wir gleich der Gegend von Karlsbad und Eger, dem böhmisch-mährischen Gebirge bei Josephsthal, Litschau und Plan, den Umgebungen von Komorn und Chemnitz in Ungarn und der Gegend von Kronstadt in Siebenbürgen zu den **habituellen Stossgebieten Mittel-Europas zählen dürfen**, nicht theilgenommen hätte.

Während der Monate November und December 1869, während welchen in Gross-Gerau auch kein Tag ohne Erschütterungen vorüberging, wuchs daselbst beinahe jedesmal die Zahl und Intensität der Stösse, sobald anderwärts gewaltige Erdbeben statt hatten, so dass man die rheinischen Erdbeben wohl am richtigsten als **den Reflex einer anderwärts, in ihrer vollen Macht sich äussernden vulkanischen Kraft betrachtet**.

Wir erinnern in dieser Beziehung an folgende Vorgänge der Jahre 1869, 1870 und 1871.

1869.

10. Januar Erdbeben zu Katschar in Ostindien.
12. Januar desgl. zu Kalkutta in Ostindien.
13. Januar Erdstoss in Darmstadt.
20. Januar desgl.

1. Sept. bis 5. Oct. eine vulkanische Periode mit fortwährenden Erdstössen in Chili, Südperu, Guayaquil, Algerien, Griechenland und Italien; sie manifestirt sich ausserdem durch Ausbrüche der Vulkane Pichincha, Cotopaxi, Isluga und Isorno;
26. November gleichzeitiger Ausbruch des Colima und des Aetna. Die Periode erreicht mit dem vom
1. bis (Ausbruch des Purace)
5. October dauernden Erdbeben von Manila, dessen heftigste Stösse am
2. October mit dem Erdbeben zu Bonn zusammenfallen, ihren Höhepunkt. Ende October erwacht die vulkanische Kraft wieder mit vermehrter Heftigkeit.
29. October Erdbeben in Krain.
30. October 4 Erdstösse in Gross-Gerau.
31. October 56 desgl.
1. November 41 desgl.
2. November 13 desgl. Von da an zeigt sich eine Abnahme der Erdstösse in Gross-Gerau nach Zahl und Intensität. Eine Zunahme wird jedoch wieder bemerklich am
15. 16. u. 17. Nov. (gleichzeitig mit den Erdstössen in Algerien, zu Seriana, Sidi-Ocba und Biskra; am 12. Nov. 6, am 13. 4, am 14. 8, am 15. 6, am 16. 6, am 17. 4, am 18. 7 Erdstösse; conf. Noeggerath pag. 79).
28., 29., 30. Nov. u. 1. Dec. abermalige Periode heftiger vulkanischer Thätigkeit. In Gross-Gerau sind die Erschütterungen sehr intensiv (Noeggerath pag. 81). Alle Berichte stimmen hierin überein; die drei Stösse vom 1. Dec. waren sehr stark, und derjenige vom 2. Dec. 12 Uhr 15 Min. gleichfalls heftig. (conf. Allg. Z. Nr. 363, Jahrg. 1869.) Der Vesuv speit Rauch und Asche aus, am 28. Nov. Erdbeben in Calabrien, am 1. Dec. zerstört ein Erdbeben die Stadt Oula in Kleinasien.

13. December	Erdstösse in Oberitalien und
14. December	Erdstösse im badischen Oberland.
15. December	Zunahme der Ausbrüche des Stromboli. Die vulkanische Thätigkeit gelangt in Europa zu immer grösserer Kraftentfaltung, um mit der am 28. December stattgehabten Zerstörung von Santa Maura ihren Abschluss zu finden.
26. December	**Sehr starker Erdstoss zu Gross-Gerau**, Erdstösse zu Tiflis, im Staat Californien, Erdbeben zu Santa Maura.
28. December	Erdstösse in ganz Griechenland, Kleinasien und Unterägypten.

1870.

21. u. 22. Febr.	**Wiederbeginn der Erdstösse zu Gross-Gerau** (conf. Noeggerath pag. 82); grosses Erdbeben zu Makri, Rhodos, Amphyssa u. s. w. Ausbruch des Vulkans von Ceporuco.
27. Febr. bis 26. März.	Gleichzeitig mit Erdbeben in Istrien und im Kaukasus; neue Erschütterungen zu Gross-Gerau. Der Ceporuco schliesst am 16. März seine Ausbrüche, dagegen zeigt der Vesuv um dieselbe Zeit einen erhöhten Grad vulkanischer Thätigkeit, auch der Santorin eröffnet seine Eruptionsthätigkeit wieder.

Die Rheinlande waren wieder betheiligt bei der grossen vulkanischen Periode, welche durch das Erdbeben von Tibet vom 11. bis 23. April, diejenigen von Guatemala vom 14. Mai bis 14. Juni, sowie durch die um dieselbe Zeit stattgehabten Erdbeben auf Japan und die Erdtössse in Istrien bezeichnet ist. Erdstösse hatten statt zu Gross-Gerau am: 12., 14., 16., 29., 30. Mai, 1. und 2. Juni. Gleichzeitig mit dem grossen Erdbeben vom 11. Mai in Mexiko brach der Vulkan von Ceboruco aus, gleichzeitig mit den japanischen Erdbeben am 22. Mai beginnen die Eruptionen des Tangarino, nach den Berichten Ferd. v. Hochstetters.

2. Juli	Erdbeben zu Santorin.
3. Juli	Grösste Macht der Ausbrüche des Tangarino.
5. 6. u. 7. Juli	Erdstösse zu Gross-Gerau und im Kaukasus.
10. u. 14. Oct.	Erdstösse in Gross-Gerau, gleichzeitig mit den schrecklichen Erdbeben, welche damals Calabrien verheerten.

1871.

10., 11. und 12. Febr.	Erdstösse in Reichenbach, Darmstadt, Lindenfels, sowie in dem grössten Theil des Odenwalds und der Bergstrasse, gleichzeitig mit den Erdbeben in der Romagna am 10. und 12.
24. Februar	Fünf Erdstösse in Darmstadt, Erdbeben in Lancashire (England).
11., 12., 13., 14., 15. und 16. April.	Grosses Erdbeben zu Bantang (China), gleichzeitig (13. und 15. April) Erderschütterungen im Reichenbacher Thal und im Laacher Seegebiet.
22. Septbr.	„In Folge eines Erdbebens sind auf der Insel Tortola 7000 Menschen obdachlos geworden," meldet ein Telegramm. Vom 20. September meldet ein anderes Telegramm, dass der Vesuv sich wieder in voller Thätigkeit befindet.
23. Septbr.	Erdstösse im Reichenbacher Thal.
24. Septbr.	verursacht ein Ausbruch des erloschenen Vulkans Ruwang auf der Insel Tangolando grosse Verwüstungen, nachdem heftige Erdbeben vorausgegangen waren. Gleichzeitig Erdbeben zu Nassenfuss.
15. Novbr.	Grosses Erdbeben in den La Plata-Staaten.
17., 18. u. 19. Novbr.	Erdbeben zu Reichenbach und Darmstadt.

1872.

Ueber 1872 sind die von mir geführten statistischen Zusammenstellungen noch nicht zum Abschluss gekommen; einstweilen machen wir aber auf folgende Fälle aufmerksam, in welchen ein synchronistischer Zusammenhang nachweisbar ist.

14. Januar Beginn der Erdbeben zu Schemacha.
23. Januar Erdbeben zu Jassy und Kronstadt (Siebenbürgen).
24. Januar desgl. in Guayaquil.
28. Januar Abermaliges grosses Erdbeben zu Schemacha.
4. Febr. Erderschütterung zu Darmstadt.
19. Febr. Neue Erdstösse zu Schemacha.
24. Febr. Erdstösse zu Livorno.
6. März Erdbeben in ganz Deutschland.
9. März Erdstösse zu Genua.
14. u. 20. März Erdbeben auf Java und Ausbruch des Merapi.
16. März Erdbeben in Schweden und auf den scandinavischen Inseln.
26. März Erdbeben zu Barcelonette.
27. März desgl. zu Schönberg.
14. Mai desgl. im Odenwald und in Oberitalien.
15. Mai Wiederholte Erdstösse im Odenwald.
25. Mai Erdstoss zu Bessungen (bei Darmstadt).
8. Juli Erdbeben zu Innsbruck und in Schottland.
22., 23. u. 24. Juli desgl. in Algerien, Yocuhama und Kleinasien.

VI. Die Vesuv-Eruptionen.

Die innigen Beziehungen, welche zwischen der Erscheinung des Erdbebens und den Ausbrüchen der Vulkane bestehen, haben schon längst die Aufmerksamkeit der Geologen auf sich gezogen. Man kann sogar mit Bestimmtheit behaupten, dass durch die Lavaergüsse der Vulkane die plutonische Kraft eine Ableitung erfährt, die, wenn sie nicht erfolgt wäre, sich in dem Gebiete des Vulkanes durch die Erscheinung des Erdbebens äussern würde. Dem grossen Ausbruch des Vesuvs vom 6. December 1631 ging am 20. August desselben Jahres ein heftiges Erdbeben in Deutschland und ganz Europa voraus; auch ist es eine bekannte Thatsache, dass vor dem grossen Lissaboner Erdbeben vom 1. November 1755 sämmtliche umliegenden Vulkane ruhten. Auch bei dem grossen Erdbeben von Peru vom 13. August 1868 blieben, wie einer seiner

Beobachter, Graf Marenzi, in einer zu Triest im Verlage von F. H. Schimff 1869 erschienenen Abhandlung hervorhebt, alle in dem Bereiche des Erdbebens befindlichen Vulkane ruhig.

Wir erwähnen diese Thatsachen nur andeutungsweise. Historischen Arbeiten, durch welche es wohl möglich sein wird, in dieser Richtung mannigfache Lücken zu ergänzen, bleibt es vorbehalten, weiteres festzustellen. Leichter wird uns unsere Aufgabe, wenn wir auf die letzten Jahre zurückblicken, namentlich liefert uns der Bericht von Professor W. C. Fuchs über die vulkanischen Ereignisse des Jahres 1868, enthalten in dem Jahrbuch für Mineralogie, Geognosie und Geologie von Ed. von Leonhardt und H. B. Geinitz, zahlreiche zu Vergleichungen geeignete Anhaltspunkte.

Die vulkanischen Kraftäusserungen haben in den letzten Jahren in Europa, auch wenn man allein die Vulkane ins Auge fasst, eine Steigerung erfahren. Der Santorin erumpirt bereits seit nahezu acht Jahren, der Stromboli seit vier Jahren, der Aetna hatte in den letzten Jahren wiederholte Ausbrüche. Seit dem 10. Februar 1865 war auch der Vesuv in einen Zustand erregter Thätigkeit getreten, welchen St. Claire Deville charakteristisch als Stromboli-Thätigkeit bezeichnete. Dieser Zustand dauerte bis zum 12. November 1867, von wo an heftigere, bis in den März 1868 dauernde Eruptionen erfolgten.

Verfolgt man die verschiedenen Phasen der Vesuv-Eruptionen, welche seit dem 12. November 1867 bis zum 26. April 1872 erfolgten, so ist eine gewisse Coincidenz mit den seitdem stattgehabten Erdbeben unverkennbar.

Zu Anfang des Januar 1868 hatte die damalige Eruption nach Fuchs ihr Maximum, das bis zum 15. Januar dauerte, erreicht. Am 3. und 4. Januar Erdbeben am Vesuv, am 7. Beben im Engadin und Tyrol, am 9. in Torre del Greco, am 10. und 11. am Vesuv, am 11. in Oberösterreich.

Vom März an lässt die Thätigkeit des Vesuvs nach und wird erst Ende August wieder bedrohlicher, indem sie sich durch dumpfes Dröhnen und Auswerfen glühender Steine manifestirt, am 20., 21. und 23. August Erdstösse in Ungarn, am 29. Erdbeben in Wiesbaden.

Vom 29. August bis 9. September ruhte der Vulkan.

Vom 9. September bis zum Beginn der nächsten neuen Vesuv-Eruption finden folgende Erdbeben statt:
9. September (Jasberenyi); 10. September (ebendaselbt); 15. September (Agram); 17. September (Jasberenyi); 19. September (Wiener-Neustadt); 24. September (Malta); 6., 7. und 8. October (Erdbeben in Athen und im griechischen Archipel); 9. October (Athen); 9. und 10. October (Dalmatien).

Am 12. October beginnt eine neue grosse Eruption des Vesuvs. Um diese Zeit tritt in Europa in den Erdbeben eine bis zum Herannahen des Maximums der Eruption dauernde Pause ein, die nur zeitweilig durch leichte Erschütterungen in der nächsten Umgebung des Vulkans (die vulkanischen Erdbeben im engeren Sinne) unterbrochen wird.

Das Maximum der Eruption tritt am 18. November ein. Um diese Zeit machen sich in den habituellen Stossgebieten wieder Erschütterungen bemerkbar.

7. November Heftige Erschütterungen am Vesuv.
8. November Erdstösse auf der schwäbischen Alp.
12. November Erdbeben zu Vallemaggia.
13. November Erdstösse zu Czernowitz, Kronstadt und Bukarest.
14. November Erdstoss zu Tobeldad.
17. November Erdstoss in Hechingen und der Rheinprovinz.

Nach dem Maximum finden am 22. November zu Hechingen und am 24. November zu Rustschuck Erdbeben statt.

Am 27. November Schluss der Vesuv-Eruption und Beginn des Aetna-Ausbruchs.

Nach diesem Zeitpunkt treten nur noch Erdbeben an folgenden Orten auf:
am 7. December an der Porta Westphalica,
am 15., 16. und 17. December in Ungarn und
am 25. und 26. December in Innsbruck.

Man sieht, am häufigsten sind die Erdbeben vor dem Beginn der Eruptionen. Mit dem Beginn derselben verschwinden sie und treten erst zur Zeit ihres Maximums wieder auf, nach welchem sie eine merkliche Abnahme zeigen.

Aus dem Aufhören der Erdbeben mit dem Beginn der Eruption darf man zweifellos auf eine Verminderung der von Innen auf die Erdrinde sattfindenden Kraftäusserung durch die Eruption schliessen, während gegen das Maximum derselben eine Zunahme dieser Kraftäusserungen wahrscheinlich ist, welche sich gleichzeitig durch Eruptionen und Erdbeben manifestiren kann.

In Fällen, wo der Vulkan dem Heerde des Erdbebens nahe liegt, namentlich bei sehr heftigen Erschütterungen, pflegt die Vulkan-Eruption unmittelbar auf das Erdbeben zu folgen. Die Eruption auf der Insel Fernandez im Jahr 1835 fiel mit dem grossen Erdbeben zusammen, welches die Küste von Chile auf eine Entfernung von 300 engl. Meilen im Osten traf und dieselbe um mehrere Fuss hob. Douglas, der zur Zeit dieses Erdbebens an Ort und Stelle war, beobachtete, dass die drei grossen Vulkane Chile's, der Osorno, Minchimadom und Coroovado, im Augenblick wo das Erdbeben geschah, in heftige Eruption geriethen. Derselbe sagt über das Erdbeben von Valparaiso vom Jahr 1822: „Im Augenblicke des Stosses brachen zwei Vulkane in der Nähe von Valdivia plötzlich mit grossem Getösse und grosser Heftigkeit aus und erhellten den Himmel mehrere Minuten lang, sanken dann aber plötzlich wieder in einen ruhigen Zustand zurück". „Die Bewohner der ganzen Küste", sagt Darwin, „sind fest überzeugt von dem innigen Zusammenhang zwischen der unterdrückten Thätigkeit ihrer Vulkane und den schrecklichen Erzitterungen des Bodens" (Geol. Transactions, Ser. 2. vol. V. p. 616).

Auch die von uns aufgestellte tabellarische Zusammenstellung der Erdbeben der drei Jahre 1896, 1870 und 1871 zeigt deutlich, welch' zahlreiche innige Beziehungen zwischen der Thätigkeit des Vesuvs und den Erdbeben des europäischen Festlands vorausgesetzt werden können.

Leider liegen über die Jahre 1869, 1870 und 1871 noch keine ähnlichen, mit gleicher Sorgfalt wie diejenigen von C. W. C. Fuchs ausgeführten Arbeiten vor. Wir sehen uns daher bei weiteren Vergleichen genöthigt, uns auf die wenigen Daten zu beschränken, die man den öffentlichen Blättern entnehmen konnte.

Aber auch aus diesen spärlichen Nachrichten geht hervor, dass der Vesuv bei allen grossen vulkanischen Perioden eine Rolle spielt und wir haben ihn daher oben bereits gewissermassen als den Indicator für die vulkanische Thätigkeit des unter dem europäischen Continente befindlichen Theiles des Erdinnern bezeichnet.

Wir erinnern an folgende Vorgänge. Vom 5. bis 10. August 1869, um welche Zeit Erdstösse im Kaukasus, in Ungarn, Chili und Peru als Vorboten der späteren grossen vulkanischen Periode des Herbstes auftraten, notirte auch das Vesuv-Observatorium am 9. August zwei Erdstösse.

Ein am 26. September erfolgter heftiger Lavaerguss des Aetna scheint uns die Ruhe zu erklären, welche während dieser Periode selbst in der Umgebung der beiden Vulkane herrschte, aber diese Ruhe dauert fort, während anderwärts in Gebieten einer längst erloschenen vulkanischen Thätigkeit, in Gross-Gerau, in Darmstadt, dem Odenwald und dem Vogelsberg, zahlreiche Erdstösse den Boden erschüttern. Zu derselben Zeit, wo diese nachzulassen beginnen, erwacht, wie wenn plötzlich ein Ableitungskanal für diese vulkanischen Kräfte geschaffen worden sei, aufs neue der Vesuv, der am 28. November wieder Rauch und Flammen ausstösst.

Es beginnt nun eine fortdauernde Steigerung der plutonischen Thätigkeit, die sich vorzugsweise in Südeuropa bemerklich macht. Am 13. December erfolgen Erdstösse in verschiedenen Theilen Italiens (Calabrien, Lombardei, Reggio) und im Amt Lörrach und unter demselben Datum zeigen die Ausbrüche des Stromboli eine Zunahme.

Die Erdbeben, darunter am 26. December 1870 die grosse Katastrophe von Santa Maura, dauern fort; zu den erumpirenden Vulkanen gesellt sich noch der Santorin, so dass Ende 1870 drei Vulkane in Südeuropa. in Thätigkeit sind.

Am 21. März steigen auch wieder die vulkanischen Kraftäusserungen am Vesuv, wenige Tage darauf erfolgt eine starke Eruption des Stromboli (welcher zahlreiche Erdbeben in Südeuropa vorausgingen) und auf welche wieder eine vierwöchentliche, nur selten durch Erdbeben unterbrochene Ruhe folgt.

Am 1. August, während der Erdbeben in Istrien, hat abermals eine Eruption des Santorin statt; gleichzeitig mit Erdbeben in Griechenland und Italien findet am 26. August ein Ausbruch des Actna, am 30. in Californien ein Ausbruch des erloschenen Vulkans von San Rafael statt, beides Zeigen der ungewöhnlichen Wirksamkeit plutonischer Kräfte, welche jedoch erst im Frühjahr 1872 bei der nach mehrmonatlicher vollständiger Erdbebenruhe eingetretenen Eruption des Vesuvs zu ihrer vollen Machtentfaltung kommen sollte.

Im März 1872, mit dem Eintritt des Vollmonds, in welche Zeit auch eine Erderschütterung zu Zara fällt, steigerte sich, nach Palmieri's Schrift (Incendio Vesuviano del 26. Aprile 1872; übersetzt von C. Rammelsberg, Berlin, Denike's Verlag) abermals die Thätigkeit des Vesuv. Ein leichter bald darauf stattgehabter Ausbruch scheint den von Innen gegen die Erdrinde sich äussernden Druck für einige Zeit vermindert zu haben, bis wieder am nächsten Vollmond (Palmieri macht ausdrücklich darauf aufmerksam, dass sich die vulkanische Thätigkeit jeweilen um die Zeit des Vollmonds steigere), am 23. April die Instrumente einen neuen Ausbruch erwarten liessen; am 26. erfolgte derselbe mit voller Kraft, gleichzeitig mit Erdbeben zu Barcelonette in einer ungemein grossartigen Weise. Seitdem ist eine nur durch das Erdbeben zu Innsbruck am 8. Juli unterbrochene Erdbebenruhe in Europa eingetreten, allein es scheint, als wenn uns abermals eine Katastrophe bevorstände, denn unter dem 7. October meldet der Telegraph von einer ungewöhnlichen Erregung der Instrumente des Vesuv-Observatoriums, die einen neuen noch heftigeren Ausbruch für demnächst befürchten lasse. Auf keinen Fall sind die gigantischen plutonischen Erscheinungen, deren Augenzeugen wir waren und noch sind, jetzt schon beendet, eines aber kann man bereits den obigen Darstellungen entnehmen, dass der Vesuv für Südeuropa in dieser Periode in eminentem Sinne die Functionen eines Sicherheitsventils versehen hat und ständig wiederholt sich ein und dasselbe Spiel. **Die Erdbeben verschwinden mit den Eruptionen des Vulkans**, nur wenn ein Maximum der plutonischen Kraftäusserungen eintritt, wenn die Ausbrüche des Vulkans ihren Höhepunkt erreicht haben, begleiten sie dieselben zuweilen. **Die Erdbeben verschwinden auch noch längere Zeit nach den vulkanischen Ausbrüchen und tauchen wieder auf, sobald eine längere Unterbrechung in denselben eintritt.**

VII. Thätige und erloschene Vulkane Süd- und Mitteleuropas.

Wir haben in Vorstehendem auf den Zusammenhang der Beziehungen hingewiesen, die zwischen den Erdbeben Süd- und Mitteleuropas, darunter auch denjenigen des Rheingebiets, und den Ausbrüchen des Vesuv und Aetna bestehen. Durch diese Beziehungen ist die vulkanische Natur der Erdbeben des Rheingebiets bereits ausreichend constatirt. Sie tritt aber noch mehr hervor, wenn wir das Gebiet, auf welches sich diese verschiedenen Erdbeben und andere Aeusserungen vulkanischer Thätigkeit erstrecken, näher ins Auge fassen. Wir finden dann südwärts, der italienischen Küste entlang, in Mittel- und Oberitalien, bis nordwärts, vom deutschen Oberrhein bis hinab zur Eifel, eine ganze nur von den Alpen unterbrochene Kette von Vulkanen aus verschiedenen Epochen der Erdbildung, deren Gebiete **mehr oder weniger an den Aeusserungen des Plutonismus Theil nehmen, sobald die Thätigkeit des Erdinnern wieder erwacht.**

In der Umgegend von Laach befinden sich einige vierzig Vulkane, der Westerwald enthält zahlreiche Basaltkuppen, der Vogelsberg bildet eine einzige Basaltmasse, hieran reihen sich, wie bereits erwähnt, der Odenwald, Kaiserstuhl und die in der Rauhen Alp zerstreuten Kuppen. Alle diese Vulkane sind jedoch weit älteren Ursprungs als die erloschenen Vulkane Italiens (L. Dréssel S. J. verlegt in seiner geognostisch-vulkanischen Skizze der Laacher Vulkangegend [Münster, Achendorff'sche Verlagshandlung] die Epoche der Thätigkeit der Laacher Vulkane in die Devonzeit), wo wir neben den erloschenen Vulkanen Rocca Monfina und Monte Vulture an den Solfataren bei Puzzuoli, den borsäurehaltigen Fumarolen Toscanas und den heissen Quellen der Campagna noch den lebendigen Zeugen einer kräftigen vulkanischen Thätigkeit begegnen. Dem entsprechend sind auch die Erdbeben in Italien unverhältnissmässig häufiger und intensiver als in den vulkanischen Districten Süd- und Mitteldeutschlands; alle Zeichen, namentlich aber die vorherrschend **südwestliche Richtung** sowohl, wie die **Fortpflanzungsgeschwindigkeit**, welche auf einen offenbaren Zusammenhang zwischen verschiedenen in Unteritalien **zuerst** wahrgenommenen und einige Stunden später in Süddeutschland beobachteten Erdstössen schliessen lässt, deuten darauf hin, dass das **Centrum** dieser vulkanischen Kraftäusserungen in **Unteritalien** zu suchen ist.

Auch in anderer Beziehung lässt die Formation des europäischen Continents auf Beziehungen zwischen den einzelnen Gliedern der mittel- und südeuropäischen Vulkankette schliessen. Die aus der früheren Epoche stammenden rheinischen Vulkane befinden sich sämmtlich **nahe der Grenze der Juraformation**, diejenigen Mittel- und Unteritaliens **nahezu inmitten der jüngeren Kreideformation**. In das Gebiet des **Festlands** der letzteren Formation fallen aber nicht allein die bedeutenderen Erdbeben Italiens, sondern auch diejenigen Tyrols, Frankreichs und Englands; es sind durchgehends **ein und dieselben Schichten plutonischer Bildungen, innerhalb welcher sich die Erdbeben der letzten Jahre fortpflanzten.**

VIII. Richtung der Erdstösse.

Ein anderes Indicium, welches, wie bereits bemerkt, besonders darauf hindeutet, dass den Gross-Gerauer Erdbeben mit anderen gleichzeitig anderwärts beobachteten Bewegungen der Erdoberfläche eine gemeinsame Ursache zu Grunde liegt, liefert die Natur dieser Bewegungen, insbesondere aber die Richtung, welcher die einzelnen Stösse folgten.

Im Gegensatz zu Noeggerath und A. Moritz (Schemacha und seine Erdbeben, Tiflis 1872), die beide keine bestimmte Richtung, sondern Stösse nach allen Richtungen der Windrose beobachtet haben, haben unsere Beobachtungen, welche sämmtlich nur von gebildeten und sehr zuverlässigen Beobachtern gemacht wurden, ein sehr bestimmtes Resultat ergeben.

In allen Fällen, in welchen hier eine Richtung beobachtet wurde, lässt diese, sofern dieselbe nicht, wie dieses in Gross-Gerau und Reichenbach bei einzelnen heftigern Stössen beobachtet wurde, als eine verticale erschien, darauf schliessen, dass der hier beobachtete Erdstoss mit einem anderen, anderwärts gleichzeitig beobachteten Erdstosse von demselben Mittelpunkte ausgegangen war.

Die Richtung des mit dem Erdbeben von Kalkutta am 12. Januar 1869 synchronistischen Erdstosses, welcher am 13. Januar $3^1/_2$ Uhr Morgens in Darmstadt statt hatte, ging von Südosten nach Nordwesten.

Am 16. November 1869 war die Richtung der an diesem Tag in Gross-Gerau beobachteten, sehr häufigen Erdstösse eine südwestliche. Dieselbe Richtung nahmen die an diesem Tage in der Provinz Biscra in Algier beobachteten Stösse.

Am 1. December desselben Jahrs wurden, wie bereits oben bemerkt ist, gleichzeitig mit den Erdbeben, welche Kleinasien heimsuchten, in Gross-Gerau häufige Erschütterungen, darunter zwei, nach Angabe der Bewohner sehr starke Stösse, wahrgenommen. Die Erdstösse von Oula bewegten sich, wie damals die „Allgemeine Zeitung" berichtete, von Südosten nach Nordwesten. Dieselbe Richtung nahmen, nach Angabe der „Darmstädter Zeitung", die Erdstösse zu Gross-Gerau.

Am 15. Januar 1870 („Allg. Z." Nr. 95 vom Jahr 1869) wurde zu Tarbes in Frankreich ein Erdstoss in der Richtung von Südosten nach Nordwesten beobachtet Derselben Richtung folgte ein gleichzeitig hier beobachteter Stoss.

Leider ist es nicht möglich, eine grössere Zahl derartiger Beobachtungen hier aufzuführen, weil die öffentlichen Blätter, besonders wenn die Nachrichten aus dem Auslande kommen, nur höchst selten eine Mittheilung über die Stossrichtung enthalten. Hier wurde dieselbe regelmässig beobachtet. Diese Beobachtungen lassen zweifellos für die hiesigen, die Gross-Gerauer und die Reichenbacher Erdbeben auf ein gemeinsames Centrum schliessen, von welchem diese Kraftäusserungen ausgingen, denn in allen Fällen, und es sind dieses viele Hunderte, in welchen der Verfasser und Andere Beobachtungen anstellten, wurden niemals Erdstösse in der Richtung von Norden nach Süden, oder von Osten nach Westen wahrgenommen. Alle Stösse pflanzten sich vielmehr von Süden nach Norden, mit Abweichungen nach Nordwesten oder Nordosten fort.

Von Herrn Architekt Reuling in Gross-Gerau, einem sehr ruhigen und genauen Beobachter, wurde mir dieses auf Verlangen auch für die Gross-Gerauer Erdbeben noch besonders constatirt. Auch Herr Pfarrer Schlosser in Reichenbach, welchem wir sehr interessante Beobachtungen verdanken und den ich aus Anlass verschiedener von ihm veröffentlichter Zeitungsartikel persönlich aufsuchte, versicherte mich noch ausdrücklich, nur Erdstösse von Südwesten nach Nordosten beobachtet zu haben und zeigte mir die heute noch sichtbaren Zeugen, die Risse, welche die Stösse an der Südwest- und an der Nordostseite seines Pfarrhauses zurückgelassen hatten.

IX. Bewegungsgeschwindigkeit der Erdstösse.

Steht es fest, dass die Erdstösse bestimmten Richtungen folgen, so darf man auch zwei Erdstösse, welche an zwei einander nicht allzunahe gelegenen Orten an demselben Tage zu verschiedenen Stunden beobachtet wurden, namentlich wenn übereinstimmende Angaben aus beiden

Orten über die Richtung des Stosses vorliegen, als eine und dieselbe Kraftäusserung betrachten und den Unterschied in der Zeit als den Zeitaufwand betrachten, welchen der Erdstoss zu seiner Fortpflanzung erforderte.

Wie oben erwähnt, würde gleichzeitig mit dem Erdbeben zu Manila ein Erdstoss zu Bonn und im Rheinland, sowie in Italien beobachtet. In beiden Fällen wurde der Stoss als ein von Süden kommender bezeichnet, so dass wir den um 7 Uhr Abends zu Cermons bei Triest beobachteten Erdstoss für identisch mit demjenigen halten können, welcher zu Bonn Nachts $11^3/_4$ Uhr eintraf.* Nach Triester Zeit wäre der Erdstoss um 11 Uhr 20 Minuten in Bonn eingetroffen, so dass sich der Stoss von Triest nach Bonn in 4 Stunden 25 Minuten bewegt hätte. Der Breitenunterschied zwischen Bonn und Triest beträgt 5 Grade oder 75 geographische Meilen, so dass der Stoss in der Minute etwa 2 Kilometer und 3 Hectometer, in der Stunde 138 Kilometer oder 13,5 Meilen zurückgelegt hätte.

Am 11. Februar 1871 wurde um 5 Uhr 30 Minuten zu Suffelnheim im Elsass ein sich von Süd-West nach Nord-Ost fortbewegender Erdstoss beobachtet der zu Darmstadt, aus derselben Richtung kommend, um 5 Uhr 35 Minuten eintraf. Nach Suffelnheimer Zeit wäre der Stoss um 5 Uhr 38 Minuten in Darmstadt beobachtet worden. Die Entfernung zwischen beiden Orten beträgt 200 Kilometer, so dass der Erdstoss in der Minute sogar 25 Kilometer zurückgelegt hätte.

Am 28. November 1869, Morgens 1 Uhr, wurde ein Erdstoss, der grossen Schaden verursachte und daher ungemein heftig war, in Calabrien beobachtet. Nach Darmstädter Zeit würde derselbe um 1 Uhr 40 Minuten stattge-

---

* Die Wiener „Presse" gab damals SO—NW als die Richtung des Stosses zu Cermons an. In Noeggeraths Schrift geben die Beobachtungen aus Bonn, Sinzig und anderen Orten gleichfalls die Richtung von Süden nach Norden an, während andere West nach Ost und sogar Nord nach Süd als die Richtung des Stosses angeben. Die „Kölner Zeitung" meldete damals die von uns bezeichnete Richtung, auch der Fuchsche Bericht über die vulkanischen Ereignisse des Jahres 1869 gibt für Bonn diese Richtung an.

funden haben. An demselben Tage wurde um 10 Uhr 45 Minuten ein sehr starker Erdstoss in Gross-Gerau und Darmstadt beobachtet. Sind beide Stösse identisch, so würde die Kraft sich mit einer Geschwindigkeit von 300 Kilometer in der Stunde, 5 Kilometer in der Minute, fortgepflanzt haben, wenn man die Entfernung von Cap Otranto bis Darmstadt mit Berücksichtigung der sphärischen Krümmung des betreffenden Theils der Erdoberfläche zu 2000 bis 2100 Kilometer anschlägt.

Herr Pfarrer Schlosser in Reichenbach hat ähnliche Versuche angestellt und ist es ihm bei einem Erdstosse, welcher am 12. Februar 10 Uhr 30 Minuten zu Reichenbach und um 10 Uhr 33 Minuten in dem sechs Stunden von da in nordöstlicher Richtung entfernt liegenden Höchst beobachtet wurde und welcher an beiden Orten von Südwesten zu kommen schien, gelungen, eine gewisse Identität festzustellen. Der Stoss würde also, vorausgesetzt, dass die Uhren an beiden Orten richtig gegangen sind, etwa 10 Kilometer in der Minute zurückgelegt haben.

Leider stehen uns zuverlässige Angaben in dieser Richtung nur sehr wenige zu Gebote, so dass wir unsere Schlussfolgerungen nicht ohne eine gewisse Reserve wagen dürfen. Zwei Dinge aber scheinen uns hinreichend constatirt zu sein, einmal, dass synchronistische Erdstösse in Süd- und Mitteleuropa jeweilen in den südlichen Ländern **früher** als in den nördlicheren beobachtet wurden, dass also dort ihr **Ausgangspunkt** zu suchen ist, sowie die weitere **Thatsache, dass die Erdstösse in unseren Zonen eine geringere Fortpflanzungsgeschwindigkeit** besitzen als diejenigen der Tropenländer, eine Beobachtung, die mit derjenigen von J. Schmidt (vergl. Dr. W. C. Fuchs, die vulkanischen Erscheinungen der Erde, Leipzig und Heidelberg 1865) übereinstimmt, welcher die Geschwindigkeit des Erdstosses am 29. Juli 1846, welcher in den Rheinlanden auftrat, auf 3,739 Meilen in der Minute berechnete, während Rogers die Fortpflanzungsgeschwindigkeit eines Stosses auf den Antillen zu 5,856 Meilen angibt.

X. Die muthmaassliche innere Beschaffenheit der Erde.

Man hat jedesmal bei der Besprechung wissenschaftlicher Fragen eine besondere Verwahrung nothwendig, wenn man das Gebiet der Hypothese betritt, dennoch aber glauben wir das Recht, von ihr Gebrauch zu machen, in Anspruch nehmen zu müssen; ist ihr doch gerade in der Geologie ein ungewöhnlich grosser Spielraum gelassen und haben gerade hier einzelne Ansichten, wie diejenigen von einem feuerflüssigen Erdinnern, in Folge der gewichtigen Autoritäten, welche sich für sie aussprachen — wir erwähnen nur Laplace, Humboldt und Bischoff — einen so hohen Grad von Glaubwürdigkeit erlangt, dass ihr Werth beinahe demjenigen eines wissenschaftlich vollständig erwiesenen Lehrsatzes gleichsteht.

Auch wir bedienen uns daher dieser Hypothese. Neben dem hohen Grad von Wahrscheinlichkeit, den sie besitzt — insbesondere weist die äussere Form der Erde, der Rotationselipsoid, auf ihre frühere feuerflüssige Natur hin — erklärt auch keine andere leichter und umfassender die allgemeineren, über die ganze Erdoberfläche verbreiteten plutonischen Erdbeben und ihre Beziehungen zu den vulkanischen Ausbrüchen.

Die Abkühlung und der Druck, welchen die die feuerflüssige Masse der Erde umgebende Rinde auf diese ausgeübt, lehrt R. Bunsen, haben die Entstehung der verschiedenen plutonischen Gesteine verursacht. Der Einfluss des Druckes auf die chemische Natur der Körper ist sogar ein vorwiegender und nach Bunsen vielleicht noch bedeutender als derjenige der Abkühlung, denn dieser weist nach (Gilberts Annalen, Band CLVII), dass die Erstarrungstemperatur der Körper, sowie ihr Siedepunkt, als eine Function des auf ihnen lastenden Drucks betrachtet werden muss. Die Abkühlung kann heute auf den Zustand des feuerflüssigen Erdkerns keinerlei Einfluss mehr ausüben, denn Arago hat bereits gezeigt, dass die Temperatur der Erde in den letzten zwei Jahrtausenden auch nicht um $1/_{10}$ Grad abgenommen hat; unter dem Einfluss des Drucks dagegen, den die Erdkruste

Festlandorte.
1. Maranham . . . . . . — 6,71.
2. San Blas. . . . . . . — 6,19.
3. Trinidad . . . . — 5,37.
4. Para . . . . — 4,55.
5. Madras . . . . — 4,03.
6. Bahia . . . . — 3,87.
7. Rio de Janeiro . . . — 3,85.
8. Sierra Leona . . . . — 2,32.
9. Porto Bello . . . . . + 0,88.

Inseln.
1. Bonin Inseln . . . . + 11,04.
2. Ualan . . . . + 8,69.
3. St. Helena . . . . + 6,55.
4. Isle de France . . . . . . + 6,16.
5. Fernando de Noronha . . . + 5,19.
6. Mowi . . . . + 4,29.
7. Guam . . . . + 3,83.
8. St. Thomas . . . . + 3,81.
9. Ascension . . . . + 3,01.
10. Pulo Guansah Lout . . . . + 1,62.
11. Galopagos . . . . — 0,48.
12. Jamaica . . . . — 1,44.
13. Rawak . . . . — 3,56.

Vielleicht ist das Pendel berufen, die Andeutungen zu erweitern und auszubauen, welche die Lothmessungen hinsichtlich der inneren Gestalt der Erde bereits geliefert haben. O. v. Struve machte bei der 1871 zu Wien stattgehabten Conferenz der europäischen Gradmessungscommission auf die eigenthümlichen Unterschiede aufmerksam, welche das Loth auf der nördlichen und der südlichen Abdachung des Kaukasus aufweist. Auf der Nordseite des Gebirgs zeigte sich eine Ablenkung, welche der berechneten Massenanziehung vollständig entsprach, allein in dem durch das furchtbare Erdbeben vom 28. Januar dieses Jahres

---

Porto Bello, das eine Zunahme zeigt, liegt allerdings auf dem schmalsten Punkt der Landenge von Darien, aber auch in einem District, wo nach Dollfus & Montserrat die Erdbeben beinahe täglich wiederkehren.

nunmehr zerstörten Schemacha, wo die Ablenkung theoretisch + 28 Secunden betragen sollte, wurde sie statt dessen negativ, was nur durch eine auffallende Verminderung der Massentheilchen an dieser Stelle der Erdkruste, also durch einen hohlen Raum im Gebirge, oder durch ein an der Innenseite der Erdkruste an dieser Stelle herziehendes Thal erklärt werden kann. In nächster Nähe von dieser Stelle aber liegt Baku mit seinen unterirdischen Feuerquellen!

XI. Periodicität des Plutonismus.

Die durch den Druck der Erdkruste auf das feuerflüssige Erdinnere bewirkte Ausscheidung neuer Gesteinsmassen ist an allen Orten der inneren Erdrinde nicht allein muthmaasslich nicht gleichartig und sie äussert sich auch nicht allerwärts in gleich kräftigen Reactionen gegen die Erdrinde, sie ist auch nicht zu allen Zeiten die gleiche. Scrope spricht daher von Perioden vulkanischer Paroxysmen. Die Chemie lehrt uns, dass gewisse Laugen, die sogenannten übersättigten Lösungen, welche bis auf ihren Krystallisationspunkt eingedampft und hinreichend abgekühlt sind, ohne Krystalle auszuscheiden längere Zeit in ihrem bisherigen Zustande verharren können, während ein geringfügiger Anlass eine massenhafte Ausscheidung von Krystallen veranlassen kann. Ein ganz ähnliches Verhalten darf man bei dem feuerflüssigen Erdinnern voraussetzen und man geht alsdann nicht zu weit, wenn man annimmt, dass bestimmte Perioden, zwischen welchen Jahre und Jahrhunderte liegen können, eintreten, in welchen in Folge von Veranlassungen, welche wir später näher berühren werden, die massenhaften Ablagerungen im Erdinneren und demzufolge die Erdbeben und Vulkanausbrüche besonders häufige sind, und würde diese Annahme bereits theilweise die Periodicität beider verwandter Erscheinungen erklären.

XII. Die plutonischen und vulkanischen Erscheinungen von 1868 bis 1872.

In einer solchen Periode besonders lebhafter plutonischer Thätigkeit befanden wir uns während der Jahre 1868 bis 1872. Ihr Beginn fällt in das erstere Jahr, ihr Maximum in das Ende des Jahres 1869 und den Anfang des Jahres 1870, und vom Jahr 1871 an zeigt sich bereits eine deutliche Abnahme der plutonischen Kraft, die wohl, wie bereits bemerkt, mit dem grossen Vesuvausbruch, in Europa wenigstens, für längere Zeit gelindere Formen annehmen und in ihrer heftigen Weise als abgeschlossen betrachtet werden dürfte.

Die Jahre 1868 bis 1872 haben nicht allein eine Menge Erdbeben in Gegenden, in welchen diese Erscheinung sonst nicht häufig ist, aufzuweisen, sondern es erfolgten auch innerhalb dieser Periode eine Menge Ausbrüche von Vulkanen, welche seither als erloschen galten, oder von welchen doch wenigstens seit langem kein Ausbruch beobachtet wurde. Endlich gehört der Vesuvausbruch, den wir in diesem Jahre erlebten, zu den grössten und gewaltigsten, welche je, seitdem civilisirte Menschen in der Nähe dieses Berges wohnen, vorgekommen sind.

Eine ganze Reihe merkwürdiger vulkanischer Erscheinungen sind innerhalb der Periode von 1868 bis 1872 bekannt geworden.

Im Mai 1868 erumpirte der erloschene Vulkan Cosiguina am Eingang der Fonseca-Bucht, gleichzeitig hatte sich bei Leon in Nicaragua (vergl. Fuchs, Jahresbericht über die vulkanischen Ereignisse des Jahrs 1868 in dem Jahrbuch von Ed. v. Leonhardt und Bronn) sogar ein neuer Vulkan gebildet, am 20. Juli 1868 folgte ein Ausbruch des gänzlich erloschenen Vulkans von Iztaciuahuatl. Anfang August 1869 folgte den Ausbrüchen des Colima und des Izalco ein Ausbruch des Isorno, der fast ein Jahrhundert ruhte. Gleichzeitig steigerte sich die vulkanische Thätigkeit des Cotopaxi und die Vulkane Mistil und Villarica hatten heftige Ausbrüche. Im Juli 1870 hatten der Asamyama auf Japan, der Tepic in

Mexiko und der Tangarino auf Neu-Seeland heftige Ausbrüche. Aus dem Staate Oajaca in Mexiko meldeten die öffentlichen Blätter von einem neuen Vulkan, der in der Bildung begriffen sei. Ob dieselbe wirklich erfolgte, konnte von uns nicht in Erfahrung gebracht werden. Aehnliches befürchtete man bald darauf von dem Parnass; eine Menge anderer vulkanischer Erscheinungen zeigen aber, dass diese Befürchtungen keineswegs unbegründete waren.

Am 31. October 1870 hatte zunächst der Vulkan von San Rafael, der seit Jahren ruhig war, einen neuen Ausbruch.

1871 haben wir mehrere schreckliche Ausbrüche (am 5., 9. und 14. März, am 28. Juni und 23. September) des Vulkans von Ruwang auf Tangolando, die Bildung eines Vulkans auf der Philippineninsel Camiguien und einen heftigen Ausbruch des Albay zu verzeichnen

Englische Blätter meldeten Mitte November 1871: „Eines der ungewöhnlichsten, je gemeldeten Ereignisse soll sich unlängst im stillen Ocean zugetragen haben. Kapitän Ploc von der Barke „Adolphe" von Iquipe nach London bestimmt, berichtet, dass er bei dem Passiren der Hebrideninseln das gänzliche Verschwinden der Insel Aurora wahrgenommen habe. Diese Insel war eine der grössten und fruchtbarsten in dieser Gruppe, hatte eine Länge von 30 und eine Breite von über 5 Meilen und lag unter 15°.2 Minuten südlicher Breite und 168 Grad 25 Minuten östlicher Länge. Es war bekannt, dass zwei der Inseln Vulkane enthielten, aber alle anderen Inseln hielt man beinahe allgemein für gänzlich frei von vulkanischen Einflüssen."

Am 16. Januar 1871 erfolgte abermals, wie die öffentlichen Blätter berichteten, gleichzeitig mit einer Eruption des Vesuvs, die Bildung eines neuen Vulkans auf dem Berge Bovina, Provinz Girgenti in Sicilien, auf welchem sich ein Krater bildete, aus welchem Feuer und Asche emporquollen. Die italienische Regierung hatte damals eine Commission zur Untersuchung des Phänomens an Ort und Stelle gesandt. Ueber die Beobachtungen, welche dieselbe angestellt hat, hat bisher noch nichts verlautet.

Dieser erhöhten Thätigkeit der Vulkane proportional wächst in den letzten Jahren die Zahl der Erdbeben, wenigstens lässt dieses die Statistik vermuthen. Es entsteht diese Muthmaassung, wenn man die in dem bereits erwähnten Werke von G. Paullet Scrope: „Ueber Vulkane" enthaltenen Zusammenstellungen vergleicht. Die Zahl der Erdbeben, welche derselbe in den verschiedenen Jahren aufführt, beträgt 1861 — 7; 1862 — 9; 1863 — 7; 1864 — 4; 1865 — 11; 1866 — 5; 1867 — 33; 1868 — 45. Professor C. W. C. Fuchs zählt in seinem Berichte über die vulkanischen Ereignisse des Jahrs 1868 sogar 94 Erdbeben auf. Für das Jahr 1869 ergeben meine Zusammenstellungen 267 und diejenigen für das Jahr 1870 — 379, worauf sich wieder eine Abnahme zeigt, indem das Jahr 1871 nur 137 Erdbeben aufweist.

Erinnern wir schliesslich noch an den ungeheuren Ausbruch des Merapi auf Java, der gleichzeitig mit dem grossen Vesuvausbruch in diesem Frühjahre statt hatte, so wird man uns beipflichten, wenn wir behaupten, dass die letzten fünf Jahre uns ein Bild grossartiger vulkanischer Thätigkeit boten und dass diese Ereignisse wohl dazu geeignet sind, ein Theilchen des Schleiers zu lüften, der uns die Vorgänge im Innern unseres Erdballs noch verhüllt.

XIII. Vertheilung der Erdbeben über die verschiedenen Theile der Erde und ihr Auftreten in den verschiedenen Zeiten des Jahres.

In mehreren Gegenden ist der Glaube verbreitet, dass die Erdbeben an gewisse Zeiten des Jahres gebunden seien. Die statistischen Ermittelungen haben dieses bestätigt, ebenso wie durch diese nachgewiesen ist, dass in einzelnen Gegenden die Erscheinung des Erdbebens vorwiegend häufig ist. Unter den statistischen Zusammenstellungen erwähnen wir diejenigen von Hoffmann, Merian, von Hoff und Volger.

Die Statistik hat ferner ergeben, dass eine grössere Anzahl Erdbeben auf die Aequinoctien als auf die Solstitien fällt. Nach einer von Dr. E. Kluge in dem Jahrbuch für Mineralogie, Geognosie und Geologie im Jahr 1869 veröffentlichten trefflichen Abhandlung fallen vom 1. Januar 1850 bis zum 31. December 1857 auf der nördlichen Halbkugel auf die Aequinoctien 1324 Erdbeben, auf die Solstitien nur 1202; auf der südlichen Halbkugel fallen auf die Aequinoctien 301, auf die Solstitien 261.

Es hat sich ferner ergeben, dass die grösste Anzahl Erdbeben, welche auf je einen Monat fällt, in den einzelnen Stossgebieten eine verschiedene sein kann, so wiegen, wie Perrey in seinem „Memoire sur les tremblements de Terre ressentis dans la peninsule Turco-hellénique et en Syrie" hervorhebt, in den Antillen und in Griechenland die Erschütterungen des Herbstes vor, während sich in Central-Amerika eine weit grössere Zahl für den Sommer als für den Herbst nachweisen lässt. Auch Pouqueville: „Voyage en Grèce", T. II. pp. 256—258 bestätigt, dass Griechenland vorzugsweise im Herbste von Erdbeben heimgesucht ist. Die Ursache dieser localen Verschiedenheiten muss in unerforschten localen Bedingungen gesucht werden.

Fussend auf meine in den Jahren 1869—1872 gemachten statistischen Zusammenstellungen, galt es mir darum, zu ermitteln, in welcher Weise die Erdbeben dieser Periode sich über die verschiedenen Theile der Erde, namentlich über die heissen und die gemässigten Zonen vertheilen. (Die kalten Zonen fallen, da in ihnen beinahe gar keine Erdbeben vorkommen, nicht in Betracht.) Ebenso suchte ich das Auftreten der Erscheinung in den Sommermonaten, ihrem Verhalten in den Wintermonaten gegenüber, festzustellen.

Allerdings sind statistische Arbeiten insofern zu beanstanden, als die Erdbebenstatistik überhaupt eine lückenhafte ist. So kommen uns zum Beispiel aus der südlichen Hemisphäre, deren Bewohner zum grössten Theil uncivilisirt sind oder doch an Bildung weit hinter denjenigen der nördlichen zurückstehen, so dass wir bei ihnen ein weit geringeres wissenschaftliches Interesse voraussetzen dürfen, nur sehr seltene und unvollkommene Nachrichten über Erdbeben zu, während diese Erscheinung, namentlich die vulkanischen Erdbeben, erwiesenermaassen in den Tropenländern doch weit häufiger, als in den gemässigten Zonen auftritt. Auch unterscheidet die Statistik nicht zwischen den Ursachen der Erdbeben, sie stellt ohne Bedenken die vulkanischen mit denen durch Einstürze von Hohlräumen verursachten zusammen; allein wegen des ungemein in die Augen fallenden Resultates, welches meine Zusammenstellungen ergeben, glaube ich mich dennoch durch diese bemerkenswerthen Einwände nicht abhalten lassen zu dürfen, das Ergebniss meiner Arbeit hier mitzutheilen und falls sie sich durch länger fortgesetzte Zusammenstellungen bestätigen sollte, als eine der merkwürdigsten Thatsachen zu bezeichnen, welche die Erdbebenstatistik vielleicht bis jetzt ergeben.

Ich habe die Erdbeben in vier grosse Gruppen getheilt. Zwei derselben fassen die räumliche, zwei ihre zeitliche Vertheilung in's Auge. Dem Raume nach theile ich sie in solche, welche zwischen den 40° nördlicher und den 40° südlicher Breite entfallen und in eine zweite Gruppe, welche den ganzen übrigen Raum umfasst. Alle Erdbeben vom 40° nördlich und südlich gehören nur der gemässigten Zone an, wir haben daher nur zwischen Erdbeben der Tropen und Erdbeben der gemässigten Zonen zu unterscheiden.

Was die zeitliche Vertheilung der Erdbeben anlangt, so habe ich diese in Erdbeben der warmen und in Erdbeben der kalten Monate, in eine Gruppe, welche die Monate April, Mai, Juni, Juli, August und September und in eine, welche die Monate October, November, December, Januar, Februar und März umfasst, eingetheilt.

Die Zahlen, welche sich für diese vier Gruppen ergeben, sind jedesmal ungefähr gleich gross. Die eine Hälfte aller Erdbeben fällt jedesmal auf den heissen Gürtel, die andere Hälfte auf die kalten Zonen, ebenso fällt ungefähr die gleiche Zahl auf die warmen und auf die kalten Monate, allein es ergibt sich bei einer Vergleichung die merkwürdige Thatsache, dass in den warmen Monaten die Erdbeben des bezeichneten warmen Gürtels in auffallender Weise zunehmen und diejenigen der gemässigten Zonen abnehmen, während umgekehrt in den Wintermonaten die ersteren den letzteren gegenüber eine auffallende Zunahme nachweisen.

Von den 267 Erdbeben des Jahrs 1869 entfallen 128 auf den heissen Gürtel, 139 auf die gemässigten Zonen, 139 gehören den warmen, 129 den kalten Monaten an.

Von den 129 in den kalten Monaten stattgehabten Erdbeben fallen 32 innerhalb des heissen Gürtel, 97 in die gemässigten Zonen, während umgekehrt in den heissen Monaten 38 in die kalten Zonen und 101 innerhalb des heissen Gürtels fallen.

Von den 379 Erdbeben des Jahrs 1870 kommen 196 auf den heissen Gürtel, 182 auf die gemässigten Zonen, 238 gehören den heissen, 141 den kalten Monaten an.

In den kalten Monaten entfallen auf den heissen Gürtel 21, auf die gemässigten Zonen 120 Erdbeben, in den Sommermonaten dagegen gehören 176 dem heissen Gürtel, 62 den gemässigten Zonen an.

Aus dem Jahr 1871 sind leider nur die heftigeren in den Tropenländern stattgehabten Erdbeben bekannt geworden, ihre Zahl ist unverhältnissmässig klein, gegenüber der aus den gemässigten Zonen berichteten, aus welchen wir Nachrichten auch über die leichtesten Erschütterungen besitzen, so dass im Sommer scheinbar die Erdbeben auch in den gemässigten Zonen zu überwiegen scheinen, während in den Wintermonaten das Verhältniss unverrückt bleibt, ein auf der Unvollkommenheit der Statistik beruhender Missstand.

Von den 137 Erdbeben des Jahrs 1871 entfallen auf den heissen Gürtel 49, auf die gemässigte Zone 88, auf die heissen Monate kommen 53, auf die kalten 84 Erdbeben.

Von diesen vertheilen sich in den Sommermonaten 28 auf den heissen Gürtel und 32 auf die gemässigten Zonen; in den Wintermonaten kommen 24 auf den heissen Gürtel und 60 auf die kalten Zonen.

Für das Odenwaldgebiet ist das Vorwiegen der Erdbeben in den Wintermonaten zur Evidenz constatirt. Nicht allein alle früheren in den Jahren 1588, 1619, 1690 und 1785 stattgehabten Erdbeben fallen in die Wintermonate, sondern auch von den in den Jahren 1869—71 an 135 Tagen stattgehabten Erdbeben fallen 62 Tage mit nur 26 stärkeren Erschütterungen in die wärmeren Monate, während 73 Tage mit 344 stärkeren Erdstössen und Erschütterungen den kälteren Monaten angehören, in welchen die Erdbeben auch jedesmal das Maximum ihrer Intensität erreichten.

XIV. In wie weit kann der Mond auf die Thätigkeit des feuerflüssigen Erdinnern einen Einfluss äussern?

Der Glaube an eine Entstehung der Erdbeben durch den Einfluss des Mondes ist ziemlich alten Ursprungs. Diese Ansicht soll bereits vor mehr als hundert Jahren von einem Gelehrten in Lima vertreten worden sein; später sprach sich der Meteorologe Toaldo für sie aus. Mallet und namentlich Alexis Perrey haben die Theorie von Fluthen des feuerflüssigen Erdkerns aufgestellt und auch Palmieri hat ähnliche Ansichten geäussert. Zuletzt hat Herr Rudolph Falb, Herausgeber der nunmehr leider eingegangenen, höchst anregenden und schön geschriebenen astronomischen Zeitschrift „Sirius", eine Erklärung für die Ursachen der Erdbeben in Strömungen des feuerflüssigen Erdkerns gesucht, deren Entstehung gleich der Ebbe und Fluth durch den Einfluss von Mond und Sonne bedingt wäre.

Die Falb'sche Theorie lässt sich der Hauptsache nach in folgende Sätze zusammenfassen:

1) Die Fluthen sind stärker

a) in der Zeit zwischen dem Vollmonde und dem Neumonde, also um das letzte Viertel und den Neumond, weil sich von der Zeit des Vollmondes angefangen, die beiden von Sonne und Mond erzeugten Fluthwellen bis zum Neumonde einander nähern und daher verstärken;

b) kurz vor der grössten Annäherung des Mondes zur Erde oder dem Perigäum;

c) wenn zur Zeit des Neumondes der scheinbare Abstand des Mondes von der Sonne (oder seine Breite) am geringsten ist, weil da die beiden Wellenberge vollständig zusammenfallen, während dieses bei anderen Neumonden nur theilweise geschieht. Das ist bei totalen Sonnenfinsternissen der Fall, wo dieser Abstand $= 0$ wird;

d) je näher sich die beiden Gestirne dem Zenithe jener Zone befinden, in welcher die unterirdischen Räume die Wellenbildung am meisten begünstigen. Dieses ist nach den Lehren der Mechanik am Aequator der Fall.

2) Dass demnach die innere Fluthwelle am stärksten ist, wenn mehrere oder alle der sub 1 genannten Punkte nahe zusammenfallen, d. h. wenn eine lang andauernde Sonnenfinsterniss in den Aequatorialländern stattfindet.

3) Dass diese Verstärkung der Fluthen des inneren Erdkerns die schon erstarrte Erdrinde mehr beeinflusse, als die gewöhnliche Wellenhöhe, und im Allgemeinen eine von Ost nach West wellenförmig fortschreitende Hebung und Senkung derselben nach Massgabe der Landesverhältnisse verursachen müsse.

4) Dass die Wellengeschwindigkeit dieser Bewegung im Allgemeinen der Wellengeschwindigkeit der Meeresfluth gleich sein müsse, da sie beide von derselben Ursache erzeugt werden; allerdings wird es in manchen Fällen, wie Falb als Clausel diesem Satze hinzufügt, ebenso Differenzen geben wie bei den Fluthwellen des Meeres für verschiedene Punkte der Erdoberfläche, da locale Bodenverhältnisse auch hier auf die Fortpflanzungsgeschwindigkeit Einfluss nehmen werden.

5) Dass diese wellenförmigen Bewegungen der Erdrinde am häufigsten und stärksten in den tropischen und in den denselben benachbarten Gegenden stattfinden werden, weil ja dort, wo der Mond im Zenith steht, auch die Gipfel der Wellen hinkommen müssen. In diesen Regionen werden daher auch bei gewöhnlichen Fluthhöhen Wellenbewegungen der Erdrinde stattfinden und wegen der verschiedenen Localverhältnisse und der dadurch erzeugten Unregelmässigkeit der Fluthen sich weniger an die sub a bemerkten Zeiten binden, während

6) die Gegenden, die ausser diesem Gebiete liegen, vorzugsweise nur zu Zeiten der höchsten Fluthen, also um das Perigäum, das letzte Viertel und den Neumond, von solchen Bewegungen werden erschüttert werden können.

Diese Theorie wurde von Falb in seinem Werke: „Erdbeben und Vulkanausbrüche," in geistreicher Weise vertheidigt und nach allen Richtungen hin systematisch ausgebaut. Von den Gegnern wurde sie vollständig verworfen und in den Fachschriften wie in den Tagesblättern erfuhr sie die mannigfachsten Angriffe.

Die Wahrheit dürfte auch hier, wie bei vielen anderen Dingen, in der Mitte liegen.

Wir haben oben sub IX. gezeigt, dass die Ablagerung von Gesteinen und Ausscheidung von Laven in Folge des Druckes, den die Erdrinde auf das feuerflüssige Innere ausübt, aller Wahrscheinlichkeit nach heute noch fortdauert. Die feste Erdrinde nimmt immerwährend an Volumen zu, wir haben daher bereits einen zureichenden Grund für die Erklärung der vulkanischen Erscheinungen, einen Grund der weit näher liegt und eine weit grössere Wahrscheinlichkeit für sich hat, als der Einfluss von Mond und Sonne. Wir haben aber auch darauf aufmerksam gemacht, dass Perioden innerhalb der historischen Zeit bekannt sind, in welchen, wie die geschichtlichen Mittheilungen vermuthen lassen, die vulkanische Thätigkeit des Erdinnern eine besonders lebhafte war und dass lange Zwischenräume zwischen solchen Perioden liegen können. Diese Erscheinung haben wir durch die Annahme zu erklären versucht, dass wenn auch bereits das feuerflüssige Erdinnere durch den fortdauernden Druck, den die feste Erdkruste auf es ausgeübt, eine Dichtigkeit erlangt haben könne, welche eine neue Ausscheidung von Gesteinsmassen erwarten lässt, es dennoch ähnlich den übersättigten Lösungen in diesem Zustande noch längere Zeit verharren könne, bis äussere Veranlassungen den Beginn des Processes und damit den Eintritt dessen, was wir oben als eine plutonische Periode bezeichnet haben, veranlassen können.

Als eine solche äussere Veranlassung wäre der Einfluss, den der Mond und die Sonne auf

den feuerflüssigen Erdkern ausüben, zu betrachten.

Daraus, dass Laplace ohne eine Clausel beizufügen, in seiner „Mécanique celeste" den Satz ausspricht: „La lune attire tout ce qui est fluide", kann gefolgert werden, dass bereits dieser Gelehrte, dem wir die scharfsinnige Formel zur Berechnung der Ebbe und Fluth verdanken, auch eine Fluth des Erdinnern für möglich hielt, wenn es ihm auch vielleicht zu problematisch erscheinen mochte, um irgend welche Schlussfolgerungen hierauf bauen zu wollen. Ein ernstlicher Einwand gegen die Möglichkeit einer Fluth des Erdkerns ist überhaupt bis jetzt noch nicht vorgebracht worden, es sei denn von solchen, welche überhaupt die Entstehung der Erde auf plutonischem Wege in Abrede stellen; man kan nur bestreiten, dass der Fluth des Erdinnern diejenige Bedeutung zukomme, welche ihr Falb beimisst.

In der That erscheint bei einer genaueren Abwägung der Factoren, welche in Betracht kommen, die directe Wirkung der inneren Erdfluth auf die äussere Erdkruste als eine unter gewöhnlichen Umständen sehr geringe. Folgende fünf Factoren fallen bei der Schätzung des Krafteffects, den die plutonische Fluth auf die Erdkruste auszuüben vermag, in Betracht.

1) Die Dichtigkeit des feuerflüssigen Erdkerns;
2) die Entfernung der Massentheilchen vom Erdmittelpunkte;
3) die Dicke der Erdrinde;
4) die Anzahl der flüssigen Massentheilchen;
5) die Dichtigkeit der Erdrinde.

1. Die Dichtigkeit des Erdinnern ist von Baily nach sehr genauen Versuchen gleich 5,67 festgestellt worden; sie ist daher ungefähr halb so gross wie diejenige des Quecksilbers, so dass dem Drucke einer Atmosphäre eine Wassersäule von 32 Fuss und eine solche des Erdinnern von etwa 4½ Fuss entspricht. Diese einfache Vergleichung lässt uns bereits die Bedeutung der inneren Erdfluth in gewöhnlichen Fällen auf ein sehr geringes Maass zurückführen. Es ist festgestellt, dass die durch den Mond her-

vorgerufene Fluth auf offenem Meere in gewöhnlichen Fällen, nur selten die Höhe von 2 Fuss übersteigt. Dieser Fluthhöhe aber entspricht eine innere Erdfluth von einer Höhe von Drei und einem halben Zoll.

2. Die Entfernung der Massentheilchen vom Erdmittelpunkte, welche in Betracht kommt, lässt uns, da dieselbe nach dem Erdinnern zu eine stets geringere wird, voraussetzen, dass der Einfluss von Mond und Sonne, auch unter den für die Entstehung von Fluthen günstigsten Constellationen, sich schwerlich bis auf über ein Drittel des Erdinnern erstrecken wird. (Siehe Humboldt.)

Die beiden vorstehenden Gründe zeigen daher hinreichend, dass da, wo die Erdrinde im Innern ihre normale Beschaffenheit besitzt, so gewaltige Phänomene, wie die Erdbeben, von der inneren Erdfluth nicht zu erwarten sind, besonders wenn man

3. in Betracht zieht, dass die Dicke der Erdrinde, nach der noch allgemein gültigen Humboldt'schen Annahme und Elie de Beaumonts Schätzungen durchschnittlich auf $5^4/_5$ deutsche Meilen geschätzt werden muss.

Wo aber, wie dieses am Aequator und an einzelnen oben angedeuteten Stellen der Erdrinde der Fall sein kann, diese dünner und im Innern von Kanälen, Schluchten und Spalten durchfurcht sein muss, kann auch unter gewissen Bedingungen die innere Erdfluth aussergewöhnliche Wirkungen äussern; dann fällt zunächst

4. die Anzahl der Massentheilchen, welche bei der inneren Erdfluth mindestens die vierfach grössere ist, als bei derjenigen des Meeres, in Betracht, denn die Bedeutung der Fluthen liegt nicht allein in der Höhe der Fluthwelle, sondern auch in der Menge der fluthenden Masse. Professor Rye in Strassburg erklärt in seinem classischen Werke über die Wirbelstürme, Tornado's und Wettersäulen (Hannover, Carl Rümpler 1872) die verheerende Wirkung der Cyclonenfluth und hebt hervor, dass, wenn das Orkancentrum in eine Bucht eindringt, die Cyclonen, wenn auch auf offenem Meere eine nur geringe Steigerung der Fluth erzeugt wird, Fluthen von vielen Fuss Höhe zu erzeugen vermögen, welche Bäume und Gebäude hinwegfegen. In

ungleich grösserem Maasse muss ich, wenn die entsprechenden localen Bedingungen vorhanden sind, die Wirkung der inneren Erdfluth äussern; dann ist auch insbesondere
5. die Dichtigkeit der Erdrinde, die in ihren äusseren Schichten von Baily gleich 2,67 festgestellt wurde, in Betracht zu ziehen und kann daher auch wohl angenommen werden, dass der Anprall der noch einmal so **dichten, fluthenden feurig-flüssigen Erdmasse*** ein Erschüttern und Dröhnen der Erdrinde verursachen kann.

Man kann daher mit Falb in verschiedenen Fällen die Fluth des Erdinnern auch als **directe** Veranlassung der Erdbeben ansehen, weit bedeutender aber erscheint sie in ihren Folgeerscheinungen, wenn sie, wie man dieses wohl in den meisten Fällen annehmen muss, dazu dient, **die plutonische Thätigkeit zu erwecken.**

Der flüssige Erdkern ist aus einer Menge der verschiedenartigsten Grundstoffe, von welchen uns manche, wenigstens die dichteren im Innern der Erde lagernden, noch ganz unbekannt sind, zusammengesetzt. Wer kann ahnen, welche Wirkung der durch die Erdfluth erzeugte Druck auf diese complicirt zusammengesetzten Verbindungen, die sich wechselseitig zersetzen und unter welchen sich viele flüchtige Chloride und Fluoride befinden, ausübt. Ist diese flüssige Masse, deren Löslichkeit nur durch ihre ungemein hohe Temperatur bedingt ist, allerwärts eine gleichartige, homogene; ist es immer und überall dieselbe chemische Verbindung? Ist es nicht möglich, dass die Fluth, indem sie zu plötzlichen, gewaltsamen Bildungen, auf welche die mit Erdbeben so häufig verbundenen unterirdischen **Detonationen** und Gasentwickelungen an der Erdoberfläche hinweisen, Veranlassung gibt, die ungewöhnlichsten furchtbarsten Erscheinungen, die sich nur durch grossartige chemische Processe erklären lassen, hervorrufen kann? **Bedingt nicht die durch die hohe Temperatur allein mögliche Löslichkeit der verschiedenen Stoffe ein durch einen anscheinend unbedeutenden äusse-**

---

* Vergl. Ampère théorie de la terre, revue des deux mondes 1833, T. III. p. 106—7.

ren Anlass mögliches Ausscheiden einzelner Verbindungen? Deutet nicht die wechselnde Zusammensetzung der Laven auf einen fortdauernden inneren Umbildungsprocess, in welchem der feurig-flüssige Erdkern begriffen ist? Bei den Laven des Vesuvs schwanken, wie die Zusammenstellungen und Analysen von Dr. W. C. Fuchs ergeben (Jahrbuch von E. v. Leonhardt und H. B. Geinitz 1869), die Mengen der Kieselsäure zwischen 50,17 bis 46,41 %, die der Thonerde zwischen 22,95 und 16,16 %, diejenigen des Calciumoxyds zwischen 11,54 und 7,23 % und diejenigen des Natrons sogar zwischen 5,10 und 1,48 %.

Sämmtliche plutonischen Gesteine, sowie die Laven, weisen auf eine ständige chemische Umwandlung der feurigflüssigen Massen hin, die eine so gesetzmässige und regelrechte ist, dass Bunsen seine geniale Theorie über die Bildung der oxylitischen und basilitischen Gesteine auf sie gründen konnte. Für diesen Umwandlungsprocess sprechen ebenso die Basalte und Trachyte Armeniens wie diejenigen des Laacher See's (siehe L. Dressel), die Laven aus der vorhistorischen Zeit wie diejenigen aus der jüngsten Vergangenheit. Bei dem letzten grossen Vesuvausbruch vom 26. April dieses Jahres hat Palmieri das Vorhandensein eruptiver Fumarolen der Lava, mithin die Fortdauer des durch die Ausscheidung der Lava noch nicht beendigten chemischen Processes nachgewiesen.

Diese Bedeutung, welche die plutonische Fluth durch ihre chemischen Eigenschaften erhält, wächst aber durch dieselben dermassen an, dass sie sich dem Bereich der Berechnung entzieht. Es ist daher unmöglich, auch abgesehen von dem Umstande, dass sich die gänzlich unbekannte Natur der inneren Erdkruste, namentlich ihre verschiedene Gestaltung und die durch sie verursachten Störungen der Fluthströmungen, dem Bereiche jeder auch nur approximativen Schätzung entziehen, die plutonische Fluth in derselben Weise nach einer mathematischen Formel zu berechnen, wie dieses bei der neptunischen möglich ist. Das Meer ist im Gegensatz zu dem feurig-flüssigen Erdkern welcher vermuthlich ständig seinen chemischen Charakter wechselt, eine Verbindung von stets gleicher chemischer Zusammensetzung, wenigstens kommen die Ungleichheiten derselben bei der Berechnung der Fluthen durchaus nicht in Betracht. Die Meerfluth steigt und fällt, kaum beeinflusst von dem Drucke der Atmosphäre, während bei der plutonischen Fluth das geringste Steigen der Masse eine Veränderung des vorhandenen Drucks und demgemäss eine Aenderung ihrer chemischen Zusammensetzung zu Folge haben muss; ein fortdauerndes, wechselndes Spiel der Kräfte, dessen Gesetz zu erforschen uns voraussichtlich für immer unmöglich sein wird.

Gesteht man aber der Anziehungskraft von Mond und Sonne einen nur indirecten Einfluss auf die Entstehung von Erdbeben zu, so wird die Bedeutung beider zwar erheblich herabgemindert, aber die Richtigkeit der oben angeführten, von Falb aufgestellten Sätze, die mathematisch nicht zu beanstanden sind, wird hierdurch nicht angefochten, sie können vielmehr dazu dienen, eine Menge der bei Erdbeben und Vulkanausbrüchen auftretenden Phänomene zu erklären, die uns sonst als räthselhaft erscheinen müssten.

So begann am 1. October 11 Uhr 30 Minuten, genau $2\frac{1}{2}$ Stunden nach der Culmination des Mondes, die an jenem Tage im Zenith von Manila erfolgte, das Erdbeben von Manila, eine höchst auffallende Thatsache, welcher sich noch eine andere, die Falb gleichfalls für seine Theorie in Anspruch nimmt, anschliesst.

Bei dem Erdbeben, welches der Kapitän Coular am 24. August 1869 in dem Hafen von Arica auf dem Dampfer „Payta" beobachtete, wurde der erste Stoss um 1 Uhr 25 Minuten in der Richtung von Norden nach Süden wahrgenommen, wobei es schien, als ob das Schiff mit grosser Heftigkeit mit den Breitseiten plötzlich aufgehoben und mit grosser Gewalt auf das Wasser geworfen worden wäre. Falb weist darauf hin, dass der Stoss 20 Minuten vor der unteren Culmination des Mondes, als der theoretisch positive Sonnenwellengipfel nahezu 30 und der theoretisch negative Mondwellengipfel nahezu 24 Grad nördlich vom Orte des Schiffes sich befand, in dem Hafen von Arica eintraf und demgemäss in der Richtung von Norden nach Süden sich fortpflanzen musste.

Aus beiden Thatsachen würde sich der Schluss ziehen lassen, **dass der Mond**, vorausgesetzt, dass die localen Bedingungen günstige sind, **sowohl auf das örtliche Auftreten der Erdbeben, wie auch auf die Richtung, in welcher sich der Stoss fortpfanzt, von Einfluss sein kann.**

Höchst merkwürdig sind zwei Beobachtungen durch ihre auffallende Uebereinstimmung. In Gross-Gerau beobachtete man zur Zeit, als die Erdbeben daselbst am heftigsten waren, eine gewisse tägliche Periodicität, eine täglich zweimalige Wiederkehr der häufigsten und stärksten Erschütterungen, welche in die Morgenstunden von 7.—10 und in die Abendstunden von 7—10 fiel und zugleich bemerkte man eine gewisse gesetzmässige tägliche Verspätung dieser Maxima. Eine Vergleichung der in der Noeggerath'schen Schrift abgedruckten statistischen Aufstellungen lässt diese Erscheinung in sehr ersichtlicher Weise zu Tage treten. Dieser Thatsache gegenüber steht eine Beobachtung Palmieri's, der nachgewiesen hat, dass die Lavaströme des Vesuvs täglich einmal ihr Maximum erreichen und einmal auf ihr Minimum herabsinken. Von Tag zu Tag verzögerte sich der Eintritt der Maxima und Minima um etwas über eine halbe Stunde, woraus Palmieri auf den Einfluss, den der Mond auf den stärkeren oder schwächeren Erguss der Lava ausübt, schliessen will. Es **würden diese Erschütterungen auf eine tägliche Ebbe und Fluth des feurig-flüssigen Erdkerns hinweisen.**

XV. Welche Ergebnisse liefert die Erfahrung, insbesondere die Statistik der Erdbeben, und lassen dieselben eine Miteinwirkung des Mondes und der Sonne auf die Entstehung von Erdbeben möglich erscheinen?

Auf den ersten Blick erscheinen uns diese statistischen Resultate als sehr geringfügige. Nach Perrey fanden in der letzten Hälfte des vorigen Jahrhunderts in den Syzygien

1901, in den Quadraturen 1753 Erdbeben statt; es ergibt sich daher ein Mehr von 148 für die Quadraturen. Unsere Zusammenstellungen ergeben gleichfalls nur geringfügige Resultate, allein wir bestreiten hier die Zuverlässigkeit der Statistik, behufs Entscheidung der Streitfrage.

Es ist bekannt, dass mit keiner Wissenschaft mehr Missbrauch getrieben, mehr den Thatsachen Gewalt angethan wird, als mit der Statistik. Wir haben oben bereits bemerkt, dass der Statistiker die Erdbeben registrirt, ohne nur irgendwie auf ihre Ursachen Rücksicht zu nehmen. Es ist daher höchst bedenklich alle Combinationen, in welchen Sonne, Erde und Mond einander gegenüberstehen können, in Betracht zu ziehen und dem entsprechend die Statistik zur Entscheidung einer Frage heranziehen zu wollen, zu deren Lösung diese Wissenschaft am allerwenigsten berufen ist. Es ist unmöglich, irgend einen vereinzelten Erdstoss, der zufällig mit irgend einer günstigen Constellation des Mondes und der Sonne zusammentrifft, ohne weiteres dem Einflusse dieser beiden Gestirne zuzuschreiben, wo es doch oft weit näher liegt, locale vulkanische Prozesse oder auch Auswaschungen, als Ursachen des Erdbebens anzusehen. Es ist daher höchst ungerechtfertigt, vereinzelte locale Erdstösse, ohne weiteres mit grossen über ein weites Gebiet verbreiteten Erdbeben, die hierdurch, sowie durch ihre Heftigkeit und längere Dauer ihren plutonischen Charakter beurkunden, in Bausch und Bogen zusammen zu addiren.

Anders aber stellen sich die plutonischen Erscheinungen der letzten Jahre dar, wenn wir nur diese eben erwähnten bedeutenderen, ausgebreiteteren Erdbeben, welche der oben mitgetheilten Cotta'schen Charakteristik entsprechen, einander gegenüberstellen und wenn wir von allen Constellationen, die zwischen Mond und Sonne stattfinden können, die einflussreichsten, diejenigen, in welchen sich Vollmond und Perigäum, Neumond, oder Neumond und Perigäum combiniren, in's Auge fassen. Es stellt sich dann bei einer Durchsicht unserer Zusammenstellung heraus, dass beinahe alle diese grossen plutonischen Erdbeben mit einer der beiden erwähnten Constellationen zusammenfallen.

Wir verweisen in dieser Beziehung auf die unter XIX mitgetheilte statistische Tabelle, in welcher die in Betracht kommenden Fälle durch g e s p e r r t e S c h r i f t ausgezeichnet sind.

Auch die Vulkanausbrüche zeigen ein analoges Verhalten. Palmieri macht in seiner neuesten Schrift zweimal ausdrücklich auf den Einfluss des Vollmonds aufmerksam. Unsere Zusammenstellungen weisen beinahe immer, wo nur zuverlässige Angaben vorhanden sind, ein Wachsen der Eruption um die Zeit des Vollmonds oder vom letzten Viertel bis zum Neumond nach.

Wenn wir, wie oben bemerkt wurde, den Resultaten der allgemeinen Erdbebenstatistik nicht dasjenige entscheidende Gewicht beilegen können, um hierauf ein Urtheil über den Einfluss, welchen die Stellung von Mond und Sonne auf das feuer-flüssige Erdinnere ausübt, gründen zu können, so verhält es sich jedoch nicht so mit den statistischen Daten, welche eine genauere B e o b a c h t u n g e i n z e l n e r E r d b e b e n von längerer Dauer ergeben, bei welchen, wie z. B. bei demjenigen von Gross-Gerau, die plutonische Natur unzweifelhaft constatirt ist.

Die Erdbeben im gesammten Odenwald sind so genau beobachtet, man hat der Erde daselbst täglich so oft so zu sagen den Puls gefühlt, dass den Bewohnern auch die kleinste Regung der Erdrinde nicht entgangen ist. Die Ergebnisse dieser Beobachtungen sprechen in einer höchst auffälligen Weise für den Miteinfluss des Mondes und der Sonne auf eine Ab- oder Zunahme der plutonischen Kraftäusserungen, so dass wir beinahe ganz p r o p o r t i o n a l der gegenseitigen Annäherung oder Entfernung der muthmaasslichen von Sonne und Mond erzeugten Fluthwellen, eine Ab- oder Zunahme der Erdstösse an Zahl und Intensität beobachten können.

Im Jahr 1869 wurden im Odenwaldgebiet 56 Erdbeben mit zusammen 294 heftigeren Stössen und Erschütterungen verspürt. Es entfallen von diesen:

auf die Periode vom Vollmond incl. bis letztes Viertel excl.

12 Erdbebentage mit 50 Erdstössen;

auf die Periode vom letzten Viertel incl. bis Neumond excl.
  16 Erdbebentage mit 135 Erdstössen;
auf die Periode vom Neumond incl. bis erstes Viertel excl.
  14 Erdbebentage mit 63 Erdstössen;
auf die Periode vom ersten Viertel incl. bis Vollmond excl.
  14 Erdbebentage mit 46 Erdstössen;

Es kommen also 185 Erdstösse auf die Periode vom letzten Viertel bis Neumond und von da bis Vollmond excl. und nur 109 auf die Periode vom Vollmond incl. bis Neumond excl.

Von den 45 Erdbebentagen und 54 Erdstössen des Jahrs 1870 kommen
auf die Periode vom Vollmond incl. bis letztes Viertel excl.
  17 Erdbebentage mit 17 Erdstössen;
auf die Periode vom letzten Viertel incl. bis Neumond excl.
  14 Erdbebentage mit 17 Erdstössen;
auf die Periode vom Neumond incl. bis erstes Viertel excl.
  8 Erdbebentage mit 9 Erdstössen;
auf die Periode vom ersten Viertel incl. bis Vollmond excl.
  6 Erdbebentage mit 12 Erdstössen.

Im Jahr 1870 entfallen auf das Odenwaldgebiet 28 Erdbebentage mit 31 Erdstössen. Dieselben vertheilen sich auf die bezeichneten Perioden wie folgt:
vom Vollmond inclusive bis letztes Viertel exclusive
  5 Erdbebentage mit 10 Erdstössen;
vom letzten Viertel inclusive bis Neumond exclusive
  8 Erdbebentage mit 9 Erdstössen;
vom Neumond inclusive bis erstes Viertel exclusive
  8 Erdbebentage mit 8 Erdstössen;
vom ersten Viertel inclusive bis Vollmond exclusive
  7 Erdbebentage mit 4 Erdstössen.

Die Vulkanausbrüche der letzten Jahre ergeben, wie bemerkt, ein Ueberwiegen der Eruptionen um die Periode des Neumonds, doch können wir auf diese Thatsache darum kein besonderes Gewicht legen, weil die einzelnen Vulkane, namentlich diejenigen, welche den Tropenländern angehören, und dieses ist ja die überwiegende Mehrheit, nicht genau genug beobachtet, namentlich der Beginn und das Maximum der Eruption selten hinreichend genau festgestellt werden konnte, um darauf einigermaassen zuverlässige Schlussfolgerungen ziehen zu können; eines aber scheint uns durch unsere Tabelle genügend dargethan, das unbestreitbare Factum, dass in allen Epochen, in welchen lebhafte Bewegungen der Erdoberfläche an den verschiedensten Punkten unserer Erde wahrgenommen werden, diese Erschütterungen auch von Vulkanausbrüchen begleitet oder gefolgt zu sein pflegen, und zwar solcher Vulkane, welche dem Erschütterungsgebiete des betreffenden Erdbebens nicht angehören, ja häufig auf den Erdbeben ganz entgegengesetzten Punkten der Erdoberfläche gelegen sind, so dass man vermuthen kann, dass sich ein und dieselbe Kraft, die sich auf der östlichen Halbkugel durch Erdbeben äussert, sich auf der westlichen durch Vulkanausbrüche manifestiren kann und umgekehrt.

Ein Geologe wirft unter Anderem die Frage auf: „Wie passen aber die Erdbeben im Grossherzogthum Hessen zur Falb'schen Theorie, da sie in Zeiten aller Constellationen von Mond und Sonne gegen die Erde fallen?"

Abgesehen von obigen, können wir auf diese Frage erwidern, dass sich nicht allein gegen das Wintersolstitium hin, wo sich die von Sonne und Mond erzeugten Fluthwellen einander nähern, bei diesen Erdbeben eine Zunahme der Intensität gezeigt hat, sondern auch, dass jeweilen um die Zeit des letzten Viertels bis zum Neumond, sowie um die Periode des Perigäums, also um diejenige Zeit, wo die verschiedenen Factoren, von welchen die plutonische Fluth abhängig ist, ihren grössten Einfluss ausüben, die Zahl der Stösse, beziehungsweise Erschütterungen eine unbestreitbare Zunahme erfuhr, welche auch meistens von einer Steigerung des Krafteffects begleitet war.

Ihren Anfang nahmen die hessischen Erdbeben mit dem ungemein heftigen Erdstoss des Neumonds des Januars 1869 (13. Jan.). Hierauf trat nach einer Wiederholung der Erscheinung am 20. Januar eine Pause ein, welche bis zum 18. October (am 20. Vollmond) dauerte, um welche Zeit die Gross-Gerauer Erdbeben mit ganz leichten Erschütterungen begannen. Am 28. trat das letzte Viertel, am 30. das Perigäum ein. Am 30. (vergl. R. Ludwig's Arbeit in den Mittheilungen der Grossh. Centralstelle für Landestatistik 1869, Nr. 82) wurden drei, darunter ein sehr starker Erdstoss beobachtet, am 31. (dieselbe Quelle) Dreiundfünfzig und am 1. November Einundvierzig.

Um das Perigäum des Novembers (30.) gleichzeitig mit dem Erdbeben von Oula (bereits erwähnt) zeigt sich abermals, ebenso wie um dasjenige des Decembers (27. S. o.), gleichzeitig mit dem Erdbeben von Santa Maura eine Zunahme der Erschütterungen.

XVI. Einstürze, welche vulkanische Erdbeben begleiten.

Es ist sehr wohl denkbar und vereinbar mit der Ansicht, dass Erdbeben auf vulkanische Ursachen zurückzuführen sind, wenn man annimmt, dass auch unterirdische Einstürze als Folgen der vulkanischen Erschütterungen beobachtet werden können und diese Annahme erklärt die eigenthümlichen Schallphänomene, welche bisweilen die Erdbeben begleiten. Tschudi glaubte zum Beispiel in Peru während eines Erdbebens Geräusche und Töne wie von unterirdisch einstürzenden Massen zu vernehmen. Ganz dieselbe Beobachtung machte Pfarrer Schlosser in Reichenbach, dem die erwähnten Beobachtungen Tschudi's gänzlich unbekannt waren. Sinnestäuschungen haben bei beiden Beobachtern schwerlich stattgefunden und man kann recht wohl annehmen, dass hier in beiden Fällen wirklich Einstürze stattfanden. Das Vorhandensein unterirdischer Hohlräume steht zweifellos fest und man darf voraussetzen, dass dieselben in vulkanischen Gegenden noch häufiger wie anderwärts vorkommen. Denkt man sich nun, dass in diesen unterirdischen Hohlräumen Felsmassen vorhanden sein können, die sich in labilen Gleichgewichtszustande befinden, so hat man eine hinreichende Erklärung für die Einstürze unterirdischer Massen, die man bei Erdbeben zu vernehmen glaubt. Aehnliche Zusammenstürze sind auch auf der Erdoberfläche erfolgt. Herr Schlosser zeigte mir einen

7 Fuss langen, 5 Fuss breiten und etwa 3 Fuss dicken Felsblock, der in Folge eines Erdstosses an dem Borstein, einer bei Reichenbach befindlichen Felsmasse, mit weithin vernehmbaren Getöse herabgestürzt war.
Auch W. C. Fuchs, eine der gewichtigsten Autoritäten in allem was vulkanische Erscheinungen angeht, der in seinem Werke „Ueber die vulkanischen Erscheinungen der Erde" (Leipzig 1865) die Ansicht ausspricht, dass Erdbeben vorhanden seien (S. pag. 469), welche durch eine allgemeine, entweder in der Erdmasse oder ausserhalb derselben gelegene Ursache erregt werden und gleichfalls auf die Beziehungen der Erdbeben zu Mond und Sonne hinweist, lässt eine solche Erklärung der Einstürze zu und betont diese Möglichkeit in dem Jahrbuche von Ed. v. Leonhardt und H. B. Geinitz vom Jahr 1870 unter Berufung auf Thompsons neueste Forschungen („Natural Philosophie" bei Thompson & Trait) ausdrücklich, und bemerkt noch, dass man zur Erklärung von Erdbeben durch die Anziehungskraft des Mondes in einzelnen Fällen die Thätigkeit des feuerflüssigen Erdinnern gar nicht vorauszusetzen braucht. Er sagt: „Wenn nämlich ein Gestein aus irgend einem Grunde, etwa durch Unterwaschung, sich in labilem Gleichgewicht befindet, so kann die Bewegung der Massentheilchen, die wir Fluth nennen können, weil sie durch die Anziehungskraft des Mondes entsteht, das Gleichgewicht vollständig aufheben und das Gestein zum Einsinken bringen. Dass dadurch Erdbeben entstehen können, das ist in diesen Berichten von Jahr zu Jahr an einzelnen Beispielen nachgewiesen worden."

XVII. Erdbeben und Meerfluthen.

Ein Zusammenhang zwischen Erdbeben und Meerfluthen wurde bereits beinahe schon so lange als man Erdbeben beobachtet, vermuthet und selten ereignet sich in den tropischen Gegenden ein Erdbeben, das nicht von Flutherscheinungen begleitet wäre.

Diese Flutherscheinungen können entweder direct hervorgerufen sein durch die Anziehungskraft des Mondes, oder sie können erzeugt sein durch den Erdbebenstoss.

Flutherscheinungen in Folge der directen Einwirkung des Mondes haben die letzten Jahre mehrere nachzuweisen.

Mit dem grossen Erdbeben von Manila und dem Ausbruch des Purace fällt eine in allen Theilen der Union beobachtete Springfluth zusammen, welche am folgenden Tag in Havre ankam.

Am 30. April 1870, gleichzeitig mit dem Erdbeben in Dalmatien und denjenigen in Guatemala, wurde eine grosse Fluth in Civita-Vecchia (A. A. Z. Nr. 41, Jahrgang 1870) beobachtet.

Von durch den Erbebenstoss erzeugten Fluthwellen ist nur eine Beobachtung, diejenige von Professor Ferd. von Hochstetter bekannt geworden, durch welche in überzeugender Weise dargethan wird, welche überraschende Aehnlichkeit zwischen der durch das Erdbeben selbst erzeugten Flutherscheinung und der durch die Anziehungskraft des Mondes im Meere erzeugten Fluth besteht. Professor Dr. v. Hochstetter wies aus seinen Beobachtungen des Erdbebens von Arica vom 19. August 1868 nach, **dass die Erdbebenwellen sich in dem Meeresraum genau mit derselben Geschwindigkeit fortgepflanzt zu haben scheinen, wie die gewöhnliche Fluthwelle.**

Derselbe sagt in einem in Nr. 338 der „Allgemeinen Zeitung" vom Jahr 1869 erschienenen Aufsatze: „Ueber die durch das Erdbeben in Peru am 15. August 1868 erzeugten Fluthwellen im pacifischen Ocean" folgendes: Nach den Zeitungsberichten ist der Mittelpunkt des Erdbebens von Peru, der Focus, von welchem das Erdbeben ausging, in der Gegend von Tacna und Arica zu suchen und hier trat der erste starke Stoss, welcher die ungeheure Zerstörung zur Folge hatte, am 13. August um 5 Uhr 15 Min. P. M. ein, 20 Minuten später überschwemmte die erste grosse Welle die Hafenstadt Arica. Im Hafen von Lyttleton auf New-Seeland kam die erste grosse Welle am 15. August 4 Uhr 45 Minuten A. M. an; das ist für Arica 14. August 12 Uhr 32 Minuten P. M., so dass also die Erdbebenwelle den ungeheuren Weg von Arica bis Lyttleton — eine Distanz von 6120 Seemeilen — in 19 Stunden zurückgelegt hat oder mit einer Geschwindigkeit von 322 Seemeilen in der Stunde, — genau ebenso viel wie die gewöhnliche Fluthwelle.

XVIII. Verzeichniss der vom 30. October bis 19. November 1869 in Gross-Gerau stattgehabten Erdstösse,
aufgestellt von den Herren Ger.-Accessist Wiener u. Dr. Frank.

In der folgenden Zusammenstellung sind die Zeitmomente, zu denen die Vibrationen eintraten, mit gewöhnlichen Lettern gedruckt, die Stunden mit grösseren, die Minuten mit kleineren Zahlen, die schwächeren Erdstösse werden durch breiteren Druck, die mittelstarken durch fette Zahlzeichen und die stärksten durch eingeklammerte fette Zahlzeichen angegeben.

I. Die von Herrn Gerichts-Accessisten Wiener zu Gross-Gerau beobachteten Erdstösse:

VM = Zeit von 0 Uhr Nachts bis 12 Uhr Mittags.
NM = „ „ 0 „ Mittags „ 12 „ Nachts.

30. Oct. VM. 10.20, 10.35, NM. 8.5.
31. „ VM. 7.15, 7.30, 7.40, 8.20, 8.35, NM. 12.10, 12.50, 1.25, 1.35, **3.25, 3.40, 3.55**, NM. 5.25, 5.45, 6.10, 6.30, 6.55, 9.0, 9.10, 9.15, 9.16, 9.25, 9.30, 9.40, 9.42, 9.43, 9.44, 9.45, 9.46, 9.47, 9.48, 9.55, 10.5, 10.10, 10.12, 10.13, 10.20, 10.21, 10.24, 10.26, 10.27, 10.30, 10.33, 10.38, 10.40, 10.44, 11.0, 11.2, 11.3, 11.27, 11.37, 11.45, 11.50.
1. Nov. VM. 12.2, 12.10, 12.12, 12.20, 12.25, 12.50, 1.20, 1.45, 4.7, 7.10, 9.45, 9.55, 10.10, 10.12, 10.27, 10.30, 10.32, 10.45, 11.35, 11.55, 12.0. NM. 12.2, 12.20, 1.5, 1.7, 1.20, 1.57, **2.15, 2.19, 2.30, 2.50**, 3.0, 3.38, von 6 bis 8 noch zehn Vibrationen, 8.25, 8.40, 8.43, **8.45, 9.0**, 9.7, 9.15, 9.37, (11.50).
2. „ VM. **3.15**, 7.20, 8.30, 9.0, 9.27, 11.15, NM. 12.28, **2.30** bis 6 Uhr noch 6 Vibrationen, 6.16, 7.35, (9.28), 9.45, 9.46, 10.0.
3. „ VM. **3.50, 5.15**, 8.16, 9.47, 10.0, 10.7, 10.46, 12.0. NM. 12.25, **12.37**, 1.17, 1.20, 1.45, 2.10, 2.25, 2.30.
4. „ 12 Erschütterungen ⎫
5. „ 12 „ ⎬ die Zeit ward nicht notirt.
6. „ 12 „ ⎭
7. „ VM. 12.7, 2.50.

8. Nov. VM 8.40, 8.55. NM. 2.32, 8.8, 8.52, 9.52.
9. „ nicht beobachtet.
10. „ NM. 8.7.
11. „ VM. 9.30, NM. 3.35.
12. „ NM. 9.58, 12.55 und noch 4 andere.
13. „ NM. drei Beben.
14. „ NM. 1.35, 4.40, 6.7, 11.7.
15. „ VM. 6.0, 6.35, 7.7. NM. 7.55, 7.59.
16. „ VM. 1.45, 7.0, 7.35, 8.35, 9.37. NM. 10.5.
17. „ NM. 4.4, 6.7. 6.30, 6.35.
18. „ VM. 4.3, NM. 8.52.
19. „ NM. 1.14, 6.44.

II. Herr Dr. Frank theilt zu diesem Verzeichnisse eine Ergänzung mit:

4. Nov. NM. 7.25, 11.34, 11.42.
5. „ VM. 5.23, 6.37, 7.37, NM. 8.12.
6. „ VM. 4 50, 6.55, NM. 3.55.
7. „ VM. 11.48.
8. „ NM. 10.53, 12,2.
9. „ VM. 6.16, 6.28, 6.8, NM. 10,36.
10. „ VM. 0.
11. „ unbestimmt gelassene Tageszeit, 3 Vibrationen (9.38 NM.)
12. „ VM. 5.30, NM. 6.0, 9.0.
13. „ VM. 3.0.
14. „ NM. 3.0, 4.30.

Derselbe Beobachter führt auf:

29. October	0	Erschütterungen,	4	Vibrationen,		
30.	„	5	„	11	„	
31.	„	7	„	55	„	
1. Novbr.	10	„	53	„		
2.	„	29	„	65	„	
3.	„	23	„	49	„	
4.	„	12	„	34	„	
5.	„	12	„	53	„	
6.	„	12	„	26	„	
7.	„	5	„	36	„	
8.	„	5	„	28	„	
9.	„	9	„	51	„	
10.	„	1	„	24	„	
11.	„	3	„	20	„	
12.	„	7	„	27	„	
13.	„	14	„	19	„	
14.	„	5	„	22	„	
15.	„	10	„	29	„	
16.	„	11	„	112	„	
17.	„	2	„	—	„	
18.	„	3	„	—	„	
19.	„	4	„	—	„	

unterirdische Donner und Rollen.

XIX. Verzeichniss der zur Kenntniss gekommenen vom

1869.	Erdbeben.	Vulkan-Ausbrüche.
Jan.		
2	Zwei Erdstösse zu Tinakely, Irland.	
3	Heftiges Beben zu Tauris, Persien.	
5		
9	Erderschütterung zu Yanley und Stowmarket (England).	An verschiedenen Stellen bildeten sich bei dem Erdbeben in Indien vulkanische Kegel, und Sand und heisse Wasserdämpfe wurden ausgestossen.
10	Erdbeben zu *Katschar* (Bengalen) u. Kronstadt (Siebenbürgen).	
12	Erdstösse zu *Kalkutta.* (?)	
13	Erdstoss zu Darmstadt.	
15	Desgl. im indischen u. grossen Ocean.	
20	Desgl. zu Darmstadt.	
21		
22	Desgl. zu Lulea (bottnischer Meerb.)	
26	Erdbeben in Corinth.	
28	Desgl. in einigen Dörfern Seelands.	
29		
31	Erschütterung in Temesvar und Beben in Amatitlan und Guatemala.	
Febr.		
1	Erschütterung in Sissek (Ungarn).	
3		
7	Erdstoss in Florenz.	
10	Erdbeben zu *St. Thomas* u. *St. Croix.*	
11	Desgl. zu Kattstorf (Oesterreich).	
12	Desgl. zu Mendoza (Peru).	
19	Erschütterungen in Heidelberg.	
21	Erdbeben in Rustschuck (Rumänien).	
22	Desgl. in Feldkirch (Tyrol).	
26		
März.		
1	Erdstoss zu Athen, Windisch-Gräz, Salvator (Peru) und Sansonnato.	Der Vulkan Izalco donnert ungewöhnlich laut.
3	Erdstoss zu Markt-Franz (Oesterreich).	
5		
12	Beben zu Mendoza.	
13		
15	Stoss in Lancashire.	
16	Desgl. in Valparaiso.	
17	Desgl. in Bonn.	

1. Jan. 1869 bis 1. Oct. 1872 stattgehabten Erdbeben.

Erdbeben im Odenwaldgebiet.			Stellung des Mondes.	Besondere Bemerkungen.
. . . .			. . . . . .	Richtung von N. nach S.
. . . .			Letztes Viertel.	
. . . .			. . . . . .	Verursachte schreckliche Zerstörungen.
. . . .			Neumond.	In diesem Falle konnte nicht festgestellt werden, ob das Erdbeben statt hatte, oder ob die Angaben in den Zeitungen nur auf einer Verwechslung mit demjenigen vom 10. Januar beruhten.
Darmstadt.	1		. . . . . .	Sehr heftig.
. . . .			. . . . . .	Der Erdstoss im indischen Ocean vom 15. Januar ist in dem Verzeichnisse von Paullet-Scrope aufgeführt.
Darmstadt.	1			
. . . .			Erstes Viertel.	
. . . .			Vollmond.	
. . . .			Perigäum.	
. . . .			Letztes Viertel.	
. . . .			Neumond.	Sehr bedeutende Zerstörungen.
. . . .			Erstes Viertel.	
. . . .			Vollmond, Perigäum.	
. . . .			Letztes Viertel.	
. . . .			Neumond.	

1869.	Erdbeben.	Vulkan-Ausbrüche.
März.		
20	Beben in Quito, Esmeraldas und Barbocoas.	Der Vulkan Pasto speit Rauch und Flammen aus.
21		
25	Stoss in Spital (Semmering).	
26	Erschütterung zu St. Malo bei Triest.	
27		
28	Beben in Lancashire und Kärnten.	
30-31	Desgl. in Zengg u. Ottorac (Dalmat.).	
31	Desgl. in Yocuhama.	
April.		
1	Beben in Petrowsk (Kaukasus) und Erdstoss in Bukarest.	
3		
6	Beben in Ambate und Palato (Peru).	
10	Desgl. in San Salvador (Peru).	
12	Desgl. in Japan.	
18	Desgl. auf Rhodus, Symi, in Constantinopel und Barisch.	
19		
22	Erdstoss in Laibach.	
24		
Mai.		
1-3	Täglich Erdbeben zu Ragusa.	
3		
7	Desgl. zu Czalos Petri (Ungarn).	
11		
14	Erdbeben im Gördenthal und Brixen.	
15	Desgl. im Illicythal (Wallis).	
16	Erdstösse auf Rhodus.	
18	Desgl.	
19	Desgl.	Grosse Eruption des Izalco.
21	Desgl.	
22	Fortdauer der Erdstösse zu Ragusa.	●
23	Erdstoss zu Poitiers.	
24		
25	Erdbeben zu Bukarest.	
27	Desgl. zu Ketegyhaza (Ungarn).	
29	Desgl. zu Neusohl.	
Juni.		
2		
5	Erdbeben in Neu-Seeland.	
6	Desgl. in Chemnitz, Mittweida und Wellington.	

Erdbeben im Odenwaldgebiet.			Stellung des Mondes.	Besondere Bemerkungen.
. . . .			Erstes Viertel.	
. . . .			Perigäum.	
. . . .			Vollmond.	
. . . .			. . . . . .	Die Allg. Z. gibt Ende März als die Zeit des Erdbebens an.
. . . .			Letztes Viertel.	
. . . .			. . . . . .	Sehr stark.
. . . .			Neumond.	Datum unbest., Mitte April sagt die A. Z.
. . . .			. . . . . .	Die Erdbeben auf der Insel Rhodus und zu Symi verursachen grosse Zerstörungen.
. . . .			Erstes Viertel.	
. . . .			Perigäum.	
. . . .			. . . . . .	Am 2. Mai 53 Erdstösse.
. . . .			Letztes Viertel.	
. . . .			Neumond.	
. . . .			Erstes Viertel.	
. . . .			Perigäum.	
. . . .			Vollmond.	
. . . .			Letztes Viertel.	

1869.	Erdbeben.	Vulkan-Ausbrüche.
Aug. 6	Erdbeben zu Kiss-Komarom (Ungarn).	*Eruption der Vulkane Pichincha und Isluga, sowie Ausbruch des Vulkans von Isorno, der fast ein Jahrhundert ruhte.*
7		
8	Erdbeben zu Mollendo.	
9	Erdbeben am Vesuv.	
10	Erdstösse in Agram, Callao, Lima u. Charillos	
12	Erdbeben in Agram.	
14		
15	Erdstösse in Iquique.	
18	Desgl. in Gibraltar.	
20	Erdbeben in Arica, Tacna u. Iquique.	
21	Desgl. in Schemacha, Chili u. Westindien.	
22		
23	Erdstösse in Chili und Peru.	
24	Desgl. in Chili, Peru u. Westindien. Desgl. auf Berg Maipo. Desgl. 19° 17' n. Br. u. 70° 21' w. L.	Mit einem heftigen minutenlangen Getöse verbunden.
26	Erschütterung zu Potenza und Malfi.	
30		
Sept. 1	Erdbeben in *Batna*, (Algier).	Beginn der Eruptionen des Mistil und Villarica.
2	Desgl. in *Schemacha*.	
6		
8	Erdbeben in Jassbereny (Ungarn).	
9	Desgl. in Jassmihalitelek (Ungarn).	
11	Desgl. in der Bigorre.	Erdbeben beim Beginn der Eruption des Mistil und des Villarica.
12		
13	Erderschütterungen in Radmannsdorf und Laibach.	
14-15	Erdbeben in Jamaika.	
16	Desgl. in Neapel.	
17	Desgl. im Distrikte des Loch Awe und Erdstösse in der Havanna.	
18	Desgl. in St. Thomas.	
19	Desgl. in *St. Croix*, Chili, Südperu, und *Locorotondo*.	
20	Desgl. in Chebli (Algerien).	

Erdbeben im Odenwaldgebiet.		Stellung des Mondes.	Besondere Bemerkungen.
. . . .		Neumond.	
. . . .		Perigäum.	
. . . .		Erstes Viertel.	
. . . .		. . . . . .	In Schemacha wird in der Luft ein starker Knoblauchsgeruch beobachtet.
. . . .		Vollmond.	
. . . .		. . . . . .	Unterseeisch von dem Schiff Payta beobachtet.
. . . .		Letztes Viertel.	
. . . .		. . . . . .	Sehr heftig.
. . . .		Neumond.	
. . . .		Perigäum.	
. . . .		Erstes Viertel.	Furchtbarer Sturm in ganz Frankreich und den Rheinlanden.
. . . .		. . . . . .	Wird von Scrope aufgeführt.
. . . .		Vollmond.	Richtung von SSO. nach NNW.

Pfeffenbach, Plutonismus und Vulkanismus.

1869.	Erdbeben.	Vulkan-Ausbrüche.
Sept.		
20	Erdstösse in *Algerien, Chili* u. *Südperu*.	
21-24	Desgl. in *Chili* und *Peru*.	
24	Desgl. in Oberitalien, Mittelitalien, Griechenland u. im gr. Archipel.	
25	Desgl. in Griechenland, Chili u. Peru.	
26	Desgl. in Guayaquil und Sienna.	Lavaerguss des Aetna, Ausbruch des Colima.
28	. . . .	. . . .
30	Erdstoss in Wales.	
Oct.		
1	Erdbeben in Lima, Filmore u. Manila.	Ausbruch des Purace.
2	Desgl. in Manila, Cermons und Bonn.	
3	Desgl. in Manila und Coblenz.	
4	Desgl. in Manila u. auf der Insel Luzon.	. . . .
5	Desgl. in *Manila* und auf der *Krim*.	
12	. . . .	. . . .
13	Erdstösse zu Radmannsdorf.	
16	Desgl. zu Gemünd (Kärnten).	
18	Erdstoss zu Darmstadt.	
20	. . . .	. . . .
22	Heftige Stösse in Neu-Braunschweig.	
24	Erschütterungen zu Gross-Gerau.	. . . .
25	Desgl.	. . . .
26	Desgl.	. . . .
27	Desgl.	. . . .
28	Desgl.	. . . .
29	Desgl.	. . . .
	Erschütterungen i. Soderschitz i. Krain.	
30	Erdstösse zu Gross-Gerau.	. . . .
31	Desgl.	. . . .
Nov.		
1	Erdstösse zu Gross-Gerau.	. . . .
2	Desgl.	. . . .
3	Desgl.	. . . .
4	Desgl.	. . . .
5	Desgl.	. . . .
6	Desgl.	. . . .
7	Desgl.	. . . .
8	Desgl.	. . . .

* In unseren Tabellen sind, wo die Gross-Gerauer Erdbeben in Frage nau aufgezeichneten eigentlichen Erdstösse u. stärkeren Erschütterungen Erschütterungen und „Vibrationen" keinen Maassstab für die anderwärts beob-

Erdbeben im Odenwaldgebiet.			Stellung des Mondes.	Besondere Bemerkungen.
. . . .			Letztes Viertel.	
. . . . . : . .			. . . . . .	Richtung von SO. nach NW.
. . . .			. . . . . .	Springfluth in vielen Theilen der Union.
. . . .			Neumond, Perigäum.	Springfluth in Havre und Rouen.
. . . .			Erstes Viertel.	
Darmstadt.	1			
. . . .			Vollmond.	
Gross-Gerau.	1			
do.	1			
do.	2			
do.	1			
do.	1		Letztes Viertel.	
do.	1			
do.	4			
do.	52			
do.	41			Die Darmstädter Zeitung von 1869 meldet in Nr. 314 (12. Nov.) zum erstenmale von einer heftigen Luftbewegung, die in Gross-Gerau den einzelnen Stössen vorausging, auf welche unmittelbar eine vollständige Ruhe und dann der Stoss folgte.
do.	13		Perigäum.	
do.	16			
do.	12		Neumond.	
do.	12			
do.	12			
do.	4			
do.	8			

kommen, nur die allgemein beobachteten und von sämmtlichen Beobachtern geachteten Erscheinungen besitzen, da wir bezüglich der subtilen Unterscheidungen, wie schwache berücksichtigt,

1869.	Erdbeben.	Vulkan-Ausbrüche.
Nov.		
9	Erdstösse in Gross-Gerau.	
10	Desgl.	
11	Desgl.	
12	Desgl.	
	Erdbeben von Bacska.	
13	Desgl. in Gross-Gerau.	
14	Desgl.	
15	Desgl.	
16	Desgl.	
	Desgl. in *Algier* (Sidi-Okba).	
17	Erschütterungen zu *Gross-Gerau*.	
18	Desgl.	
	Erdstoss zu Biskra (Ungarn.	
19	Erschütterungen zu Gross-Gerau.	
20	Desgl.	
21	Desgl.	Lebhafte Eruption d. Stromboli in der 2. Hälfte des November.
22	Desgl.	
23	Desgl	
	Heft. Erdstoss in Kirchbach (Steierm.)	
24	Erdbeben in Gross Gerau.	
25	Desgl. in Mainz.	
	Desgl. in Innsbruck	
26	Desgl. in Altdorf und Bürgeln.	
27	Viele schwache Stösse in Gross-Gerau.	
28	Erdstoss in Gross-Gerau	Der Vesuv speit Rauch und Asche aus.
	Desgl. in Calabrien.	
29	Erschütterungen in Gross-Gerau.	
30	Desgl.	
Dec.		
1	Erdstösse in *Gross-Gerau.*	
	Erdbeben in *Oula* (Kleinasien).*	
2	Erdstösse in Gross-Gerau.	
3		
4	Erdstösse in Gross-Gerau.	
5	Erdbeben in Neumarhof bei Agram.	
	Desgl. in Gross-Gerau.	
6	Desgl.	
7	Desgl.	

* Dieses Erdbeben wurde in ganz Kleinasien und Griechenland gespürt.

Erdbeben im Odenwaldgebiet.		Stellung des Mondes.	Besondere Bemerkungen.
Gross-Gerau.	6		
do.	1		
do.	2	Erstes Viertel.	
do.	7	. . . . . .	Von heftigem Sturm begleitet (conf. Fuchs, Jahresbericht).
do.	4		
do.	7	. . . . . .	Stärkere Stösse in Gross-Gerau.
do.	6		
do.	6		
. . . .		. . . . . .	Richtung von SW. nach NO.
Gross-Gerau.	4	. . . . . .	Berichte in der Darmst. Z. aus Pfungstadt
do.	6	Vollmond.	und aus Wallerstädten vom 15. Nov. und aus Gross-Gerau vom 19. Nov. melden von sehr heftigen Erdstössen am 15., 17.
. . . .	5		und 18. Nov.
. . . .	3		
Gross-Gerau.	1	. . . . . .	Ein Bericht aus Ernsthofen vom 22. in der Darmstädter Zeitung bemerkt, dass man während der Erdstösse in der Luft ein Sausen bemerkt habe.
do.	14		
. . . .	13		
Gross-Gerau.			
do.	2		
. . . .	1		
. . . .		. . . . . .	Erdbeben, welchem ein heftiger Südsturm
. . . .		Letztes Viertel.	vorausging.
Gross-Gerau.			
do.	1		
do.			
. . . .		Perigäum.	
Gross-Gerau.	2	. . . . . .	Richtung von SSO. nach NNW.
DonnerartigesGetöse in Gr.-Gerau.		. . . . . .	desgl.
. . . .	2	. . . . . .	Sehr heftige Stösse in Gr.-Gerau. Oula wird
. . . .		Neumond.	zerst. Conf. D. Z. vom Jahr 1869, Nr. 336.
. . . .	1	. . . . . .	Vier Secunden Dauer.
Gross-Gerau.	2		
do.	1		
do.	2	.	

1869.	Erdbeben.	Vulkan-Ausbrüche.
Dec.		
9	Leichte Erschütterungen in Gr.-Gerau.	
10	Desgl.	
11-12	Desgl.	
13	Erdstösse in Oberitalien, Calabrien u. in Idstein, Amt Lörrach.	Die Ausbrüche des Stromboli nehmen zu.
15	Desgl. in Reggio.	
16	Erdstösse in Gross-Gerau.	
	Desgl.	
19	Erschütterung in Hildesheim.	
21	Erdstoss in Kärnten.	
26	Erdstoss in Darmstadt.	
	Desgl. zu Tiflis und in Californien.	
	Desgl. zu Nevada.	
27	Desgl. zu Darmstadt	
	Desgl. am Sacramento, in Nevada u. Marysville.	
28	Erdbeben zu *Santa Maura* u. in ganz *Griechenland.*	
1870.		
Jan.		
2	Erdstösse zu Gross-Gerau.	
5	Erdstoss zu Tyrnau (Ungarn).	
6	Desgl. in Gross-Gerau	
9	Desgl.	
14	Desgl.	
15	Desgl. in Darmstadt.	
	Desgl. in Coblenz, Tarbes und Mont-Marsan.	
16	Desgl. in Gross-Gerau.	
17	Desgl. in Coblenz.	
18	Desgl. am Sömmering u. in Marseille.	
21	Desgl. in Gross-Gerau.	
22	Desgl.	
23	Desgl. in Kostheim.	
24	Desgl. in Gross-Gerau.	
26	Desgl.	
28	Desgl.	
29	Desgl.	
30	Desgl.	
31		
Febr.		
2	Erdstoss in Bihar-Zsadany (Ungarn).	
5	Desgl. in Limburg (Westphalen).	

Erdbeben im Odenwaldgebiet.		Stellung des Mondes.	Besondere Bemerkungen.
. . . .		Erstes Viertel.	
. . . .	1		
. . . .	2		
. . . .		Vollmond.	
. . . .	1	Letztes Viertel.	Sehr heftig.
. . . .		. . . . . .	Sehr heftig. In Nr. 358 der Darmst. Z.,
Darmstadt.	1	Perigäum.	welche seit zwei Wochen der Erdbeben als einer gewöhnlichen Erscheinung nicht mehr gedacht hatte, geschieht ihrer am 27. Dec. zum ersten Mal wieder Erwähnung.
Gross-Gerau.	2	Neumond.	
do.	1		
. . . .		Erstes Viertel.	
Gross-Gerau.	4		
Darmstadt.	1		
. . . .	2		
. . . .		Vollmond.	
Gross-Gerau.	1	Perigäum.	
do.	2		
do.	1		
Kostheim.		Letztes Viertel.	
Gross-Gerau.	1		
do.	1		
do.	1	. . . . . .	Richtung: vertikal.
do.	2		
. . . .		Neumond.	

1870.	Erdbeben.	Vulkan-Ausbrüche.
Febr.		
6	Erdstoss in Riga.	
8	. . . .	. . . .
9	Erdstösse zu Riga, Loreto, Ancona und Sinigaglia.	
12	Desgl. zu Jasberenyi (Ungarn).	
14	Desgl. zu Darmstadt.	
16	. . . .	. . . .
17	Erdstoss zu Francisco.	
18	. . . .	. . . .
19	Erdstoss zu Mainz.	
20	Desgl.	. . . .
21	Desgl. zu Gross-Gerau. Erdbeben zu Makri.	Ausbruch des Vulkans von Ceporuco.
22	Desgl.	. . . .
	Desgl. zu Gross-Gerau.	
26	Desgl.	. . . .
	Desgl. zu Basel.	. . . .
27	Erschütterungen in Gross-Gerau.	. . . .
	Erdbeb. in Idria u. Chihahua (Mexiko).	
28	Desgl. in Gross-Gerau, Istrien, Kärnten und Krain.	
März.		
1	Stösse und Erschütterungen in Gross-Gerau, *Natal, Istrien* u. *Dalmatien.*	Der Vulkan auf der Isle de Bourbon im indischen Ocean befindet sich in einem Zustand ungewöhnlicher Thätigkeit.
2	Desgl.	. . . .
3-5	Desgl.	. . . .
5-6	Erdstösse in Markdorf (Baden).	
6	Stösse und Erschütterungen in Gross-Gerau, Istrien und Dalmatien.	
7-9	Desgl.	. . . .
9	Erdbeben in Schemacha.	
10	. . . .	. . . .
11	Erdstoss in Homburg v. d. Höhe und in der Provinz Canterbury.	. . . .
15	Erschütterungen in Gross-Gerau und Erdstoss in Wundschuh.	
16	Erdstoss in Gross-Gerau.	Schluss der Ausbrüche des Ceporuco.
17	Erschütterungen in Gross-Gerau.	. . . .
	Erdbeben in *St. John, New-Brunswik.*	. . . .
18	Erdstoss in *Friedrichshafen.*	. . . .

Erdbeben im Odenwaldgebiet.			Stellung des Mondes.	Besondere Bemerkungen.
. . . .			Erstes Viertel.	
Darmstadt.	1			
. . . .			Vollmond.	
. . . .			Perigäum.	
Mainz.	1			
do.	1			
Gross-Gerau.	1			
. . . .			Letztes Viertel.	
Gross-Gerau.	2			Sehr starke Stösse.
do.	1			
. . . .	1		. . . . . .	Desgl. wurde auch in Säkingen in der Richtung von SW. nach NO. verspürt.
Gross-Gerau.				
do.				
do.			Neumond.	
do.				
do.				
. . . .			Erstes Viertel.	
Homburg.	1			
Gross-Gerau.				
do.	2			
do.			Vollmond.	
. . . .			. . . . . .	Der Meeresboden sank in einem Umkreise von 30 Akres 9—10 Faden in die Tiefe.
. . . .			Perigäum.	

1870.	Erdbeben.	Vulkan-Ausbrüche.
März.		
18	Erdstoss in Markdorf am Bodensee.	Zunahme der Thätigkeit des Vesuvs.
20	Erdheben in Malcesina (Italien).	
21	Erdbewegung in Markdorf.	
23	Erdstoss in Gross-Gerau.	. . . .
26	Desgl.	Wiederbeginn d. Eruptionen des Santorin.
29	Furchtbare Erdbeben in Chili, Guayaquil und Ecuador.	
30	Erdstoss in Gross-Gerau.	. . . .
31	Desgl.	. . . .
April.		
1	Erdstoss in Oajaca.	. . . .
2	Desgl. in *San Francisco*.	. . . .
3	Desgl. im Amt Tromsöc (Norwegen).	. . . .
5	Erdbeben in Neu-Seeland.	Bald nach dem Erdbeben in Neu-Seeland hatte der Tangarino einen Ausbruch. (Scrope.)
9		
11	Schreckliches Erdbeben in China u. Tübet unter dem Namen Beben von Bantang bekannt.	. . . .
	Erdbeben in Assam.	
12-14	Beben von Bantang.	
14	Beginn des Erdbebens von *Guatemala*.	. . . .
15	Beben in *Guatemala, Bantang, Orizaba, Vera Cruz* und *Schemacha*.	
16-19	Beben in Guatemala und Bantang.	
19-20	Erdstösse in Kundl in Tyrol.	
20-21	Beben in Guatemala und Bantang.	
22	Desgl.	. . . .
23	Desgl.	
24-27	Beben in Guatemala.	Am 25. April heftiger Ausbruch des Santorin.
27-28	Desgl. in Istrien.	
28-29	Desgl. in *Guatemala*.	
30	Desgl.	. . . .
	Erdstoss in Kundl (Tyrol).	
Mai.		
1	Erdstoss in *Kundl* (Tyrol) u. Beben in *Guatemala*.	
	Beginn des Erdbebens von *Yocuhama*.	. . . .
2-7	Beben in Yocuhama und Guatemala.	
8	Desgl.	
	Stoss in Gross-Gerau.	

Erdbeben im Odenwaldgebiet.		Stellung des Mondes.	Besondere Bemerkungen.
Gross-Gerau.	1	Letztes Viertel.	
do.	3		
do.	1		
do.	1		
....		......	Dauer 30″, mit Detonationen verbunden.
....		Neumond.	
....		......	Nordlicht.
....		......	Nordlicht.
....		Erstes Viertel.	
....		......	Wiederholt sich nach dem Nord China Herald täglich in schwächerem Maasse bis zum 23. April. (Indo-European-Corr. und Allg. Z.)
....		......	Die Erdbeben v. Guatemala traten mit Ausnahme einer dreitäg. Pause nach dem 3. Mai täglich bis zum 14. Juni ein. (Natur.)
....		Vollmond, Perigäum.	Die Erdbeben zur Zeit des Vollmonds des April waren allerwärts ungemein heftig.
....		Letztes Viertel.	
....		......	Grosse Fluth in Civita-Vecchia. (A. A. Z. Nr. 14.)
....		Neumond.	
....		......	Das Erdbeben von Yocuhama dauert bis zum 22. Mai, schliesst ab mit einem Ausbruch des Vulkans Asamyama.
Gross-Gerau.	1	Erstes Viertel.	

1870.	Erdbeben.	Vulkan-Ausbrüche.
Mai.		
9	Stoss in Fiume.	
9-10	Beben in Yocuhama und Guatemala.	
10-11	Desgl. in Istrien.	Ausbrüche des Vulkans von Tepic beginnen von Neuem.
11	Desgl. in Yocuhama und Guatemala.	
	Desgl. in Oajaca in Mexiko.	. . . .
	Desgl. in San Francisco.	
12	Desgl. in Istrien, Yocuhama u. Guatemala und Erdstoss in Bauschheim.	. . . .
12-13	Beben in Oajaca.	
13	Desgl. in Guatemala und Yocuhama.	
14	Desgl. in Yocuhama.	Im Staate Oajaca soll ein neuer Vulkan in der Bildung begriffen sein.
	Desgl. in Oajaco und Gross-Gerau.	
15	Beben in Yocuhama, Guatemala und Istrien.	
16	Desgl. in Istrien, Guatemala u. Gross-Gerau.	. . . .
17-21	Desgl. in Yocuhama und Guatemala.	
21	Erdstoss in Foccevo (Italien).	Ausbruch des Vulkans von Asamyama.
22	Beben in Yocuhama und Guatemala.	. . . .
23	Desgl. in Guatemala.	
24	Desgl. in Guatemala und Istrien.	
25	Desgl. in Guatemala, Istrien, Lombardei, Toskana und Reggio.	
26	Desgl. in Guatemala, Peru (Callao), Tyrol, Istrien und Venetien.	Beginn der Eruption des Tangarino in Neuseeland.
27	Desgl. in Venetien und Guatemala.	
28-29	Desgl. in Guatemala.	
29	Desgl. in Gross-Gerau.	
30	Desgl.	. . . .
	Desgl. in Guatemala und Istrien.	
Juni.		
1-2	Beben in Guatemala.	
2	Desgl. in Gross-Gerau und Istrien.	. . . .
3	Desgl. in Guatemala.	
4	Desgl. in Selje (Norwegen).	
5	Desgl. in Guatemala.	
6	Desgl.	. . . .
7	Desgl. in Guatemala und Istrien.	
8-10	Desgl. in Guatemala.	
11	Desgl.	. . . .
12	Desgl.	

Erdbeben im Odenwaldgebiet.			Stellung des Mondes.	Besondere Bemerkungen.
. . . .			. . . . . .	Von fürchterlich verheerender Natur.
Bauschheim.	1			
. . . .			Perigäum.	
. . . .			Vollmond.	
Gross-Gerau.	1			
. . . .			. . . . . .	Richtung von SSW. nach NO.
. . . .			Letztes Viertel.	Schluss der Erdbeben von Yocuhama. Grosse Zerstörungen, der Ausbruch des Asamyama vernichtet mehrere Dörfer.
. . . .			. . . . . .	(Wiener Abendpost.)
Gross-Gerau.	1			
do.	1		Neumond.	
do.	2			
. . . .			Erstes Viertel.	
. . . .			Perigäum.	
. . . .			. . . . . .	Häuser und Kirchen stürzten in Cuajinilapa ein.

1870.	Erdbeben.	Vulkan-Ausbrüche.
Juni 13	Erdbeben in Guatemala, Istrien und Gross-Gerau.	
14	Desgl. in Gross-Gerau u. Guatemala.	
16	Desgl. im Staat Nicaragua.	Zu Granada hört man Getöse im Innern des Monotombo.
18-19	Erdstösse in *Cuajinalapa* u. Istrien.	
20	Desgl.	
21-23	Desgl.	
24-28	Beben in Alexandria, Santorin, Neapel und ganz Griechenland.	
28	Erdstoss in Oajaco.	
29	Beben in Griechenland.	
30	Desgl. *Santorin wird zerstört, Erdstösse in verschiedenen Orten Ungarns.*	
Juli 1	Beben in Griechenland.	*Maximum der Thätigkeit des Tangarino.*
2-5	Desgl.	
5	Desgl. in Gross-Gerau.	
6	Desgl. in Griechenland.	
7	Desgl. in Gross-Gerau, Griechenland und Kaukasus.	
8	Desgl. zu Griechenland.	
9	Erdbeben in Griechenland und am Mac Lea (Fluss in Amerika).	
10	Desgl. auf der Insel *St. Thomas*, *Peru* und *Griechenland*.	
11	Desgl. in *Peru* und *Bolivia*.	
12	Desgl.	
13	Desgl. in Griechenland u. Kleinasien. Desgl. in Centralamerika, Guatemala und Griechenland.	
14-16	Erdbeben in Griechenland.	
16	Desgl. in Gross-Gerau.	
17-19	Desgl. in Griechenland.	
20	Desgl.	
21-25	Desgl.	
25	Desgl. in den Pontusländern.	
26	Beben in *Griechenland*, den *Pontusländern*, *Istrien* und *Nicaragua*.	

Erdbeben im Odenwaldgebiet.			Stellung des Mondes.	Besondere Bemerkungen.
. . . .			Vollmond.	Der stärkste Stoss dauert iu Guatemala 10 bis 15". Die Erde öffnet sich in tiefen Spalten.
Gross-Gerau.	2		. . . . . .	Schluss des Erdbebens von Guatemala.
. . . .			Letztes Viertel.	
. . . .			. . . . . .	Die Erdbeben in Griechenland wiederholen sich bis zum 31. Juli. — In Alexandria zeigt sich dasselbe an diesem Tage am heftigsten. — *Mehrere kleine Inseln sanken unter.*
. . . .			Neumond.	In Mell bei Steier in Ober-Oesterreich kam an diesem Tage ein Erdbeben durch Einsturz vor.
Gross-Gerau.	1			
. . . .	2			
. . . .			Erstes Viertel.	
. . . .	1			
. . . .			Perigäum.	
. . . .			. . . . . .	Die Erdbeben in Peru, namentlich in St. Thomas, dauern bis zum 12. Der Fluss San Thomas stieg bei dem Erdbeben von Peru plötzlich. Es wurde ermittelt, dass in Folge des Stosses der See Quenacocha in den Fluss ausgebrochen war. Dieser See hat 20 engl. Meilen im Umfange und liegt am Fusse der Andenkette. In der Stadt Ecoloquemarca stürzten die Kirche und viele Häuser ein.
. . . .			Vollmond.	
Gross-Gerau.	1			
. . . .			Letztes Viertel.	

1870.	Erdbeben.	Vulkan-Ausbrüche.
Juli.		
27	Beben in *Griechenland, Pontusländer, Istrien* und *Nicaragua*.	
28	Desgl.	
29-3	Beben in Griechenland und Istrien.	
Aug.		
1	Beben in Griechenland u. Kalkutta.	Eruptionen des Santorin.
2	Desgl. in Griechenland.	
3	Desgl. in Griechenland u. im Capland.	
4	Desgl. in Griechenland.	
5	Desgl. in Griechenland u. Istrien.	
6-7	Beben in Istrien.	
	Erdbeben auf den Sandwichs-Inseln.	Die Spalten auf der Kau-Seite des Mauna Loa dampften beständig u. dicker Rauch stieg aus dem Mekeawo.
8-10	Beben in Istrien.	
11	Desgl.	
13	Desgl. in Lima.	
19		
26	Desgl. am Berg Parnass.	
27	Desgl. in Chile.	
29		
Sept.		
1	Beben in Amasia (Griechenland).	
2		
9		
14	Beben am Vesuv.	Der Vesuv raucht stark und bereitet eine Eruption vor.
16	Desgl. in Gross-Gerau.	
17	Desgl.	
18		
25		
26		
27	Erdstoss in Salzschlirf.	
28	Desgl. in Lissa.	
Oct.		
1		
4	Erdbeb. in Cosenza u. ganz Calabrien.	
5	Desgl. in Sicilien und Calabrien.	
7	Desgl.	
9		
10	Erdbeben in Gross-Gerau.	
13	Desgl.	
14	Desgl.	
17		

Erdbeben im Odenwaldgebiet.		Stellung des Mondes.	Besondere Bemerkungen.
. . . .		Neumond.	
. . . .		. . . . . .	In Griechenland schrecklich, die Städte Amphyssa, Galaxdi und mehrere Dörfer zerstört.
. . . .		. . . . . .	Richtung von NW. nach SO.
. . . .		Erstes Viertel.	In Itia besonders stark.
. . . .		. . . . . .	Der Hauptstoss dauerte 10 Secunden. Man hörte schreckliches unterirdisches Gebrüll. Der Stoss schien sich kreisförmig zu bewegen.
. . . .		Vollmond.	Von da an Pause in Istrien.
. . . .		. . . . . .	Schwach.
. . . .		Letztes Viertel.	
. . . .		. . . . . .	Die Beben am Berg Parnass dauern fort, heisst es in der A. f. d. d. Athen 27. Leider fehlen nähere Nachrichten über die Epoche vom 4.—26. Aug.
. . . .		Neumond.	
. . . .		Perigäum.	
. . . .		Erstes Viertel.	
. . . .		Vollmond.	
Gross-Gerau.			
. . . .	1		
. . . .	1		
. . . .		Letztes Viertel.	
. . . .		Neumond.	
. . . .		Perigäum.	
. . . .		Erstes Viertel.	Nordlicht.
. . . .		. . . . . .	Fürchterliche Zerstörungen.
. . . .		. . . . . .	Am 6., 7. und 8. schrecklicher Orkan auf Cuba.
. . . .		Vollmond.	
Gross-Gerau.	1	. . . . . .	Orkan in Schleswig.
do.	1	. . . . . .	Sturm in Gross-Gerau; desgl. wird aus London und ganz Nordwesteuropa gemeldet, der bis zum 14. anhielt.
do.	1		
. . . .		Letztes Viertel.	

Dieffenbach, Plutonismus und Vulkanismus. 6

1870.	Erdbeben.	Vulkan-Ausbrüche.
Oct.		
19	Desgl. in *Calabrien*.	
20	Desgl. in *Canada und der Union*.	. . . .
23	Leichte Erdstösse in *Gross-Gerau*.	. . . .
24	Desgl.	. . . .
	Desgl. in Yocuhama.	. . . .
25	Erdbeben in *Griechenland*.	. . . .
26	Desgl.	. . . .
28	Desgl.	*Ausbruch des Aetna; der Vulkan von San Rafael (Californien), der seit Jahren ruhig war, hatte einen heftigen Ausbruch.* Zu gleicher Zeit plötzliche und heftige Eruption des columbischen Vulkans Purace.
28-29	Heftiges Erdbeben in *Indien*.	. . . .
30	Desgl. in Ravenna und Laibach.	
31	. . . .	
Nov.		
1	Erdbeben in Triest.	
	Dgl. in Tinavelly (Indien, Prov. Scinde).	
5	Unterird. Getöse u. Erdbeb. in Forli.	
8	. . . .	. . . .
11	Erdbeben in Kronstadt (Siebenbürg.).	
12-16	Wiederholte Erdstösse in Tinavelly (Provinz Scinde).	. . . .
19	Erdbeben am Parnass u. in Yocuhama.	. . . .
19-20	Desgl. in Forli.	
21	Beben in Istrien, der Aemilia und Romagna.	. . . .
22	Desgl.	. . . .
23-24	Desgl.	
25	Desgl.	
29	. . . .	. . . .
30	Erdstoss in Gross-Gerau.	. . . .
Dec.		
1	Heftiger Erdstoss in Kleinasien.	
7	Desgl. in Gross-Gerau.	. . . .
8	. . . .	. . . .
15	. . . .	. . . .
18	Erschütterung in Gross-Gerau.	. . . .
21	Desgl.	. . . .
22	Starkes Erdbeben in *Arequipa*.	. . . .

Erdbeben im Odenwaldgebiet.		Stellung des Mondes.	Besondere Bemerkungen.
. . . .		. . . . . .	Desgl. auf Cuba; am 18. Orkan in New-York, am 20. Nordlicht. (Graz.)
Gross-Gerau.		. . . . . .	Nordlicht. Die Gross-Gerauer Erschütterungen dauern bis zum 29.
do.		Neumond.	Nordlicht.
. . . .		. . . . . .	Heftiger und langandauernder Stoss.
Gross-Gerau.		Perigäum.	Nordlicht.
do.		. . . . . .	Orkan in Westeuropa.
do.			
. . . .		. . . . . .	Nach Scropes Angaben beginnen die Eruptionen des San Rafael und des Purace mit dem 4. Oct.
. . . .		. . . . . .	(Natur.)
. . . .		. . . . . .	Drei nahe gelegene Dörfer gingen mit allen ihren Einwohnern zu Grunde.
Gross-Gerau.		. . . . . .	In Schikarhera schwankte der Boden 18 Minuten lang. Das Volk wurde in Folge des Schwankens seekrank. (Scrope.)
. . . .		Erstes Viertel.	
. . . .		Vollmond.	
. . . .		Letztes Viertel.	Die Erdbeben von Parnass scheinen seit ihrem ersten Auftreten, Ende Juni, nicht nachgelassen zu haben, es fehlen nur nähere Berichte.
. . . .		. . . . . .	
. . . .		. . . . . .	Nordlicht.
. . . .		Perigäum.	Sturm in Darmstadt.
. . . .		Neumond.	Desgl.
. . . .		. . . . . .	Von da an fehlen die Nachrichten über die Erdbeben in Italien.
. . . .		Erstes Viertel.	
Gross-Gerau.	1		
do.	1		
. . . .		Vollmond.	
. . . .		Letztes Viertel.	
Gross-Gerau.	1	. . . . . .	Von unterirdischem Rollen begleitet.
. . . .		Perigäum.	Am 21. dauerte das Erdbeben in Arequipa 50—60 Secunden lang und war von furchtbarem unterirdischem Getöse begleitet.
. . . .		Neumond.	

1870.	Erdbeben.	Vulkan-Ausbrüche.
Dec. 22.	Erschütterungen in Gross-Gerau.	
1871.		
Jan. 1	Heftiges Erdbeben in *Neu-Seeland*.	
6	Desgl. in *Nord-Gudsirat*.	
7	....	Der Vesuv ist nach einem Telegramme Palmieri's unruhig; Eruption zu erwarten. Auf dem Berge Bovina (Sicilien) hat sich der Krater eines neuen Vulkans geöffnet, der Feuer und Asche speit.
9	Erdbeben in Ecuador.	
10	....	Ein neuer Krater öffnet sich am Vesuv.
12	....	
*13	Erderschütterung am Vesuv.	
14	....	Grosse Eruption des Vesuv.
17	....	Desgl. hat der Vulkan von Ceboruco (Mexiko) im Jan. einen heftigen Ausbruch.
21	....	....
23	Erdbeben in Ravenna.	
25	Erdstoss in Gross Gerau.	
26	Erdbeben in *Akkra* (Westk. v. Afrika).	
27	Desgl. in *Assam*.	
28	Erdstoss in Gross-Gerau.	
31	Erdbeben in Bombay.	
Feb.		
*2	Erderschütterung in Boxberg (Odenw.)	....
5	Beben in *Kleinasien* und Darmstadt.	....
7	Erdstösse in *Mexiko*.	
7-9	Desgl. in Chili und auf den peruanischen Guanoinseln.	....
10	Erdbeben im Odenwald und Süddeutschland.	
11	Desgl. in Darmstadt und starker Erdstoss in Valparaiso (Chile).	....
12	Beben in der Romagna, Darmstadt und Mannheim.	
13	....	
*15	Erdstoss in Kundl.	
16	Beben in Lindenfels und Darmstadt.	....
19	Grosses Erdbeben auf den *Sandwich-inseln*.	

Erdbeben im Odenwaldgebiet.	Kräftiger im Odenwald	Stellung des Mondes.	Besondere Bemerkungen.
Gross-Gerau.			
. . . .		Erstes Viertel.	
. . . .		Vollmond.	
. . . .		Letztes Viertel.	
. . . .		Perigäum.	
. . . .		Neumond.	
. . . .		Perigäum.	
Gross-Gerau.	1	Erstes Viertel.	Aus Brensbach wird gemeldet, dass die Erdstösse von einem Brausen begleitet waren. Das Brausen wurde auch in Lampertheim und Fürth beobachtet; ausDarmstadt wird gemeldet, dass dem Erdbeben ein heftiger von Nord kommender Windstoss vorausging. Aus Lindenfels wird gemeldet, dass verschiedene Personen eine starke Röthung des Himmels im Westen wahrnahmen. (Darmst. Z.)
Boxberg. Darmstadt.	1	. . . . . . Vollmond.	
. . . .		. . . . . .	Bei dem Erdbeben auf den Guanoinseln bildeten sich Wirbel im Meere, die für Schiffe gefährlich waren.
Darmstadt. do.	6 1		
do.	3	Letztes Viertel.	Nordlicht.
. . . .		Perigäum.	
Lindenfels.	2	Neumond.	

20	Desgl. in Darmstadt und Forli.*	
21	Desgl. in Oberndorf (Württemberg) und Smola.*	
22	Mehrere starke Erdstösse in Peru u. Rippoldsau.*	
23	Desgl. in Lancashire.	
25	Desgl. in Darmstadt u. starkes Erdbeben zu Valparaiso (Peru).	
27		
28	Starkes Erdbeben zu Valparaiso.**	
März.		
2	Erdbeben zu Eureka (Californien).	
3	Desgl. auf Tangalando (Elelebis), Caminguin wird gleichfalls von einem Erdbeben heimgesucht.	Furchtbarer Ausbruch des Ruwang. Auf der Insel Caminguin beginnt die Bildung eines neuen Vulkans.
4	Desgl. zu Arequipa, Erdstösse in Colombien (Bogota), Rangun* (Hinterindien) und Battang in China.	
6	Erdstösse in Colombien (Bogota). Erdbeben in Peru.	
7		
9		Abermaliger Ausbruch des Ruwang.
10		
13		
14		Letzter Ausbruch d. Ruwang.
15	Erdbeben in Wundschuh (Steiermark).	
16	Erschütterung in Frankfurt.	
17	Leichtes Erdbeb. in ganz Nordengland.	
21		
24	Erdstoss in Darmstadt.	
25	Erdbeben zu *Valparaiso*.	Der Vulkan von Tinakoro, einer der Santa-Cruz-Inseln, ist in beständiger Thätigkeit u. bot an diesem Tage (25.) das Aussehen eines grossen Flammenschlundes.
27		
April.		
5		
6	Erschütterung in Darmstadt.	

** In den letzten Tagen des März finden öftere Erdbeben auf der Insel

— 87 —

Erdbeben im Odenwaldgebiet.			Stellung des Mondes.	Besondere Bemerkungen.
Darmstadt.	1			Heftiger Wind. (Darmstadt.)
. . . .			. . . . . .	Bei dem am 23. in England stattgehabten Beben wurden magnetische Störungen der Telegraphenlinien beobachtet.
Darmstadt.	5		. . . . . .	Richtung von SW. nach NO. (Schlosser.)
. . . .			Erstes Viertel.	
Darmstadt.	3		. . . . . .	Heftiger Wind. Richtung von SW. nach NO. (Brensbacher Beobachtung.) (D. Z.)
. . . .			. . . . . .	Eine ungeheure, 14 Faden tiefe Flusswelle erhob sich vor dem Ausbruch des Ruwang, welche alle Ansiedlungen in der Umgebung überschwemmte.
. . . .			Vollmond.	
. . . .			Perigäum.	Heftiger Wind. (Darmstadt.)
. . . .			Letztes Viertel.	Desgl. Der Stoss zu Arequipa v. 4. März dauerte 30 Secunden.
. . . .			. . . . . .	Heftiger Wind. (Darmstadt.)
. . . .			. . . . . .	Nordlicht. (Pekeloh.)
Darmstadt.	1		Neumond.	Desgl.
. . . .			. . . . . .	Sehr heftig.
. . . .			Erstes Viertel.	
. . . .			Vollmond.	
Darmstadt.	1			

Milo statt, deren Datum jedoch nicht näher bekannt ist.

1871.	Erdbeben.	Vulkan-Ausbrüche.
April.		
7	Zerstörung in Battang in China durch ein Erdbeben.	
11	Erdbeben in Arequipa (Peru) und in Rangun (britisch Birma).	
12		
	Beben in Darmstadt u. Reichenbach.	
13-14	Desgl. in Bonn.	
15	Bis Ende April Erdbeben auf den Philippinen, welche	mit der Bildung eines Vulkans auf der Philippinen-
16	Erdbeben in Rangun.	Insel Caminguin abschl.
19		
*21	Erderschütterung zu Bruck a. d. Murr.	
28		
Mai.		
*1	Heftigere Erdbeb. auf den Philippinen.	
4		
5	Starke Erdstösse im Reichenb. Thal.	
6	Desgl.	
		Heftige Eruptionen der Andenvulkane.
11	Erdstösse in Pischawar (Indien).	
19	Die ganze Westküste von Amerika ist im Monat Mai in Bewegung besonders das Washington-Territorium in der Nähe des Bergs Rainer.	
21	Erdstösse in Rochester, Buffalo, Georgia, Quebec, Ottawa, ganz Canada und starkes Erdbeben im Staate New-York.	
22-23	Erdbeben im Himalaya-Thale.	Die Sonntagsinsel wurde von einer so schrecklichen vulkanischen Eruption betroffen, dass die Bewohner flüchteten.
27		
Juni.		
2		
3		
8	Erdbeben in der Gegend von Wagga (Australien).	
10	Desgl. in Chili.	
18	Zunahme der Erschütterungen in Reichenbach.	
19	Starkes Erdbeben in Brooklyn (New-York) und zu Simla (Kleinasien).	
20	Erdbeben auf Madeira.	
25		

Erdbeben im Odenwaldgebiet.		Stellung des Mondes.	Besondere Bemerkungen.
. . . .		Perigäum.	
. . . .		. . . . . .	Die Bewegungen pflanzten sich von O. nach W. fort u. dauerten 30—50 Secunden.
. . . .		Letztes Viertel.	
. . . .		. . . . . .	Nordlicht.
. . . .		. . . . . .	Desgl.
. . . .		Neumond.	
. . . .		Erstes Viertel.	
. . . .		Vollmond.	
Reichenbach.	2	Perigäum.	
do.	2		
. . . .		Letztes Viertel.	
. . . .		Neumond.	
. . . .		Erstes Viertel.	
. . . .		Perigäum.	
. . . .		Vollmond.	
. . . .		Letztes Viertel.	Die Erdbeben in Chili wiederholen sich mehrfach im Laufe des Juni.
. . . .		Neumond.	
. . . .		Erstes Viertel.	

1871.	Erdbeben.	Vulkan-Ausbrüche.
Juni.		
27	....	Schrecklicher Ausbruch des Ruwang.
28-03	Erdb. im Kirchspiel Nesme (Norweg.)	
Juli.		
1.	Desgl.	
2	Desgl.	....
8	Schluss der Erdbeben in Nesme.	
9	....	....
17	....	Wiederbeginn der Vesuveruptionen.
25	Erdbeben in Laibach.	
27	Desgl. in Gross-Gerau.	....
29	Desgl.	....
30	Desgl.	....
Aug.		
8	Erdstösse an der Bergstrasse in Amphyssa und Erdbeben in Agram.	....
14	Desgl. zu Flitsch und Raibel.	
15	Erdstoss am Laacher See.	Die Eruptionen des Vesuv nehmen an Heftigkeit zu. Sie sind am 23. von Erderschütterungen begleitet.
16	Desgl. im *Reichenbacher Thal*.	
21	Erdbeben u. Orkan auf *St. Thomas* und in Peru.*	
24	....	....
26	....	....
28	Desgl. in Graubündten.	
29	Erdbeben in Umbrien.	
30	Erdstoss an der Bergstrasse und in Bad Kreuth.*	....
Sept.		
6		
8	Bedeutende Erschütterungen zu Näfels.	....
*9	Desgl. in Mollis in der Schweiz.	
*12	Erdstoss in der Bourgogne.	
14		
19	Erdbeben in Tschernembl b. Laibach.	
20	....	*Der Vesuv ist in voller Thätigkeit.*
21		....
22	Zerstörung v. *Tortola* durch ein Erdb.	....
23	Erdstoss im Reichenbacher Thal.	
24	....	*Ausbruch des erloschenen Vulkans Ruwang auf Tangolando.*
28	....	
Oct.		
6	....	

— 91 —

Erdbeben im Odenwaldgebiet.		Stellung des Mondes.	Besondere Bemerkungen.
. . . .		. . . . . .	Eine Negeransiedlung wird ins Meer gerissen.
. . . .		Perigäum.	
. . . .		Vollmond.	
. . . .		Letztes Viertel.	
. . . .		Neumond.	
. . . .		Erstes Viertel.	
Gross-Gerau.	1		
. . . .		Perigäum.	
. . . .		Vollmond.	
Bergstrasse.		Letztes Viertel.	
. . . .		. . . . . .	Dem Erdbeben zu Raibl ging ein dumpfes Brausen voraus.
Reichenbach.	1	Neumond.	
. . . .		. . . . . .	Orkan auf St. Thomas.
. . . .		Erstes Viertel.	
. . . .		Perigäum.	Bei dem Erdbeben in Peru wurden in Callao Schiffe von den hohen Wellen, welche die Stösse erzeugten, umgeworfen.
. . . .	1	Vollmond.	
. . . .		Letztes Viertel.	
. . . .		Neumond.	
. . . .		Erstes Viertel.	
. . . .		Perigäum.	
. . . .	1		
. . . .		Vollmond.	
. . . .		Letztes Viertel.	

1872.	Erdbeben.	Vulkan-Ausbrüche.
Oct. 13	Erdbeben zu Marlneukirchen und Wolhausen im Voigtland.	
14		
16		
21		
22	Die Stadt Oran in der argentinischen Provinz Salta wurde durch ein Erdbeben zerstört.	
28		
Nov. 2	Beginn der Erdbeben in Nassenfuss	Neuer Ausbruch des Vesuvs.
5	und in Aussee.	
6	Erdstoss in der Schweiz.	
7-9	Beben in Nassenfuss.	
10	Desgl. in Nassenfuss u. Reichenbach.	
11-12	Desgl. in Nassenfuss.	
13	Desgl.	
14	Desgl.	
15	Dgl. in Nassenf. u. d. *La Plata Staaten*.	
16	Desgl. in Nassenfuss u. Reichenbach.	
17	Desgl. in Nassenfuss, Gernsheim und Reichenbach.	
18	Desgl. in Nassenfuss und Darmstadt.	
19	Desgl. in Nassenfuss.	
20	Desgl. in Nassenfuss u. Reichenbach.	
21	Desgl. in Nassenfuss, Reichenbach u. Darmstadt.	
22	Desgl. in Nassenfuss.	
23-24	Desgl. in Nassenfuss, Reichenbach u. Darmstadt.	
27		
Dec. 2	Abermals Erdbeben zu Nassenfuss, Laibach und Vasarhely.	
3	Beben in Nassenfuss.	
4-7	Desgl.	
8	Desgl. in Nassenfuss und grosses Erdbeben auf den *Philippinen*.	Ausbruch des Vulcans von Albay.
9-11	Desgl. in Nassenfuss.	
12	Desgl.	
13	Desgl.	
14-17	Desgl.	
18	Desgl.	

— 93 —

Erdbeben im Odenwaldgebiet.			Stellung des Mondes.	Besondere Bemerkungen.
. . . .			Neumond. Perigäum. Erstes Viertel.	
. . . .			Vollmond.	Das Erdbeben von Oran dauerte beinahe 9 Stunden. Man zählte 38—40 heftigere Stösse.
. . . .			Letztes Viertel.	
Reichenbach.	4			
. . . .			Neumond. Perigäum.	
Reichenbach.	1			
do.				
do.	1			
Darmstadt.	1			
. . . .	1		Erstes Viertel.	
Reichenbach.	1			
Reichenbach.	1			
. . . .			. . . . . .	Von da an zeigte sich ein Nachlassen der Erdbeben zu Nassenfuss.
. . . .			Vollmond.	
. . . .			Letztes Viertel.	
. . . .			Neumond. Perigäum.	
. . . .			Erstes Viertel.	

XX. Vertheilung der Erdbeben während der Jahre 1869—71 auf der Erdoberfläche.

Datum.	Gesammtzahl der Erdbeben.	Es entfallen auf den Raum	
		zwischen dem 40° nördlicher und dem 40° südl. Breite.	von den Polen bis zum 40°.
1869.			
Januar	14	7	7
Februar	9	3	6
März	18	10	8
April	11	5	6
Mai	12	1	11
Juni	24	18	6
Juli	29	25	4
August	26	20	6
September	34	26	8
October	25	7	18
November	36	3	33
December	29	3	26
	267	128	139
1870.			
Januar	19	—	19
Februar	23	2	21
März	50	3	47
April	39	32	7
Mai	80	58	20
Juni	38	25	15
Juli	58	47	11
August	17	13	4
September	6	1	5
October	21	12	9
November	24	2	22
December	4	2	2
	378	196	182
1871.			
Januar	9	7	2
Februar	15	6	9
März	10	4	6
April	24	21	3
Mai	6	3	3
Juni	7	2	5
Juli	5	—	5
August	9	1	8
September	3	1	2
November	30	1	29
December	17	1	16
	135	47	88

XXI. Vulkanausbrüche in der erwähnten Periode.

Datum.	Gesammtzahl der Vulkanausbrüche.	Es entfallen auf die Periode			
		vom Vollmond incl. bis letztes Viertel exclusive.	vom letzten Viertel inclusive bis Neumond excl.	vom Neumond incl. bis erstes Viertel exclusive.	vom ersten Viertel inclusive bis Vollmond excl.
1869.					
März . . .	2	1	—	1	—
Mai	1	—	—	—	1
Juni . . .	1	—	—	1	—
Juli	2	2	—	—	—
August . .	4	—	—	4	—
September .	4	2	2	—	—
October . .	1	—	1	—	—
November .	2	1	1	—	—
December .	1	—	—	—	1
	18	6	4	6	2
1870.					
Februar . .	1	1	—	—	—
März . . .	3	1	2	—	—
April . . .	2	—	1	1	—
Mai	3	1	2	—	—
Juli	1	—	—	1	—
August . .	3	—	—	1	2
October . .	2	—	—	2	—
	15	3	5	5	2
1871.					
Januar . .	3*	1	—	1	—
März . . .	4	1	1	1	1
Mai	2	—	—	2	—
Juni . . .	1	—	—	—	1
Juli	1	—	—	1	—
August . .	1	—	—	1	—
September .	2	—	—	1	1
November .	1	1	—	—	—
December .	1	—	1	—	—
	16	3	2	7	3

* Bezüglich einer Eruption im Januar, derjenigen des Coloruco, vermochte der Verfasser das Datum nicht zu ermitteln.

1872.	Erdbeben.	Vulkan-Ausbrüche.
Jan.		
3	Erdbeben in Jersey (England).	
5	Desgl. auf den Sandwichsinseln.	Eruption des Kilauea.
10	Desgl. in Schottwien.	
	Desgl. in *Gottscher*.	
	Desgl. in *Livorno* und *Arequipa*.	
16	Desgl. in Schemacha.	
17		
23	Desgl. in Jassy und Kronstadt.	
24	Desgl. in Gayaquil.	
25		*Der Vesuv zeigt eine regere*
28	Abermals Erdbeben in *Schemacha*.	*Thätigkeit.*
Febr.		
2		
4	Erderschütterung zu Darmstadt.	Leichte Eruptionen d. Vesuv.
7		
9		
16		
19	Wiederholte Erdbeben zu Schemacha.	
24	Erdstösse zu *Livorno*.	
März.		
2		
6	Erdbeben in *ganz Deutschland*.	
9	Desgl. zu Genua.	
14	Desgl. auf Java.	Eruption des Merapi.
17		
20	Erderschütterung zu Cavallo.	
22	Desgl. zu Zara.	
25		*Schwache Vesuveruption.*
27-28	Erdbeben in Californien.	
28	Erdbeben zu *Schemacha*.	
April.		
1		
3	Erdbeben zu Antiochia.	
8		
10	Erdbeben in Antiochia.	
15	Desgl. zu Akkra (Westafrika).	
16-18	Grosses Erdbeben auf der Insel Island und in Schweden.	
23		*Erste Anzeichen der grossen Vesuveruption.*
26	Erdbeben zu Barcelonette.	Beginn der Vesuveruption.
27	Erdstoss zu Schönberg.	
28		Maximum d. Vesuveruption.
30		

Erdbeben im Odenwaldgebiet.	Eruptionen Odenwald	Stellung des Mondes.	Besondere Bemerkungen.
. . . .		Letztes Viertel.	
. . . .		Neumond.	
. . . .		Perigäum.	
. . . .		. . . . . .	Schemacha wird beinahe ganz zerstört.
. . . .		Erstes Viertel.	
. . . .		Vollmond.	
. . . .		Letztes Viertel.	Nordlicht.
Darmstadt.	1		
. . . .		Perigäum.	
. . . .		Neumond.	
. . . .		Erstes Viertel.	
. . . .		Vollmond.	
. . . .		Letztes Viertel.	
. . . .		Perigäum.	Nordlicht.
. . . .		Neumond.	
. . . .		Erstes Viertel.	
. . . .		Vollmond.	
. . . .		. . . . . .	Nordlicht.
. . . .		Letzt.Viert.Per.	
. . . .		. . . . . .	Dasselbe verursacht schreckliche Zerstörungen.
. . . .		Neumond.	
. . . .		Erstes Viertel.	
. . . .		Vollmond.	
Schönberg.	1	Perigäum.	
. . . .		Letztes Viertel.	

1872.	Erdbeben.	Vulkan-Ausbrüche.
Mai.		
2		Ende der Eruption.
7	Erdstoss zu Venedig.	
14	Desgl. zu Udine, Ciudale und im Odenwald.	
15	Erderschütterungen im Odenwald.	
17	Erdstoss in Laibach.	
22		
24		
25	Erdstoss zu Bessungen.	
29		
Juni.		
6		
14		
21		
22		
27		
Juli.		
3	Erdbeben in *Yocuhama*.	
4		
5		
8	Heftiges Erdbeben in Innsbruck und Schottland.	
13		
20		
22	Erdbeben in Algerien.	
23	Desgl. zu Cavalla (Kleinasien).	

Von da an sind nur noch folgende Erdbeben zu unserer
22. Sept. zu Darmstadt, am 27. Sept. an der Küste Chiles, zu San-
am 23. Nov. in Schottland und am 24. in der oberen Neckargegend.*

---

* Der Verfasser beabsichtigt diese Tabellen, zu deren Anfertigung er
jenigen, welche sich für die hier abgehandelten Fragen interessiren, ersucht er
statistische Material und für Mittheilungen gemachter Beobachtungen. Eine
während des Druckes dieser Schrift aus den mehrerwähnten trefflichen Zu-
Jahrbuch von Leonhard & Geinitz, Jahrgang 1872, siebentes Heft. Ich
Vertheilung der Erdbeben auf die einzelnen Monate und in den kalten und
der Tabelle kenntlich gemacht. Es sei jedoch bemerkt, dass das Resultat der

Erdbeben im Odenwaldgebiet.		Stellung des Mondes.	Besondere Bemerkungen.
. . . .		Neumond.	
. . . .	1		
. . . .	1	Erstes Viertel.	
. . . .		. . . . . .	Es weht ein heftiger Sirocco.
. . . .		Vollmond.	
. . . .		Perigäum.	
Bessungen.	1		
. . . .		Letztes Viertel.	
. . . .		Neumond.	
. . . .		Erstes Viertel.	
. . . .		Vollmond.	
. . . .		Perigäum.	
. . . .		Letztes Viertel.	
. . . .		. . . . . .	Heftiger Orkan im indischen Ocean, welcher viele Schiffe zerstört.
. . . .		Neumond.	Wasserhosen auf dem Bodensee.
. . . .		. . . . . .	Dem Erdbeben ging ein heftiger Sirocco voraus.
. . . .		Erstes Viertel.	
. . . .		Vollmond.	
. . . .		. . . . . .	Sturm an der Küste von Japan.

Kenntniss gekommen: Am 15. Sept. mehrere in Yocuhama, am tiago, Iquique und an anderen Orten, am 3. Oct. zu Gross-Gerau,

alle ihm zugänglichen Tagesblätter benutzte, weiter fortzusetzen. Alle Die um ihre Unterstützung und ist im Voraus dankbar für alles ihm zugehende Anzahl Erdbeben des Jahres 1871, die ihm bis jetzt unbekannt geblieben, sind sommenstellungen von Professor C. W. C. Fuchs bekannt geworden. (Siehe habe dieselben, weil sie bei meiner vergleichenden Zusammenstellung über die warmen Zonen nicht mehr in Betracht gezogen werden konnten, durch einen * in Zusammenstellungen durch diese neuen Daten keine Aenderungen erfährt.

XXII. Erscheinungen, welche das Auftreten der Erdstösse begleiteten.

Bei den hier stattgehabten Erdbeben hatte ich Gelegenheit, während der Stille der Nacht viele der einzelnen Erdstösse auf das Genaueste zu beobachten. Namentlich diejenigen, welche Ende October und im Anfang des November 1869 hier beobachtet wurden, stellten sich mit einer gewissen Regelmässigkeit in den ersten Morgenstunden ein, so dass man vollständig daran gewöhnt war, die Erscheinung wachend zu erwarten.

Ich erwähne namentlich folgende Stösse, welche ich auf das sorgfältigste beobachten konnte.

31. October 5 Uhr 25 Minuten Morgens.
1. November 4 „ 7 „ „
1. „ 7 „ 10 „ „
3. „ 3 „ 50 „ „

Es ging diesen Stössen sämmtlich, ähnlich wie dieses bei der Meerfluth der Fall zu sein pflegt, ein **leichter, kurzer Windstoss** um einige Minuten voraus. Der eigentliche Stoss kündigte sich, 8 bis 10 Secunden vor seiner Ankunft, durch ein in weiter Ferne vernehmbares Rauschen an, das in einem ganz regelmässigen crescendo rasch in ein dumpfes Rollen überging, dem ein Schwanken der Gebäude mit obligatem Klirren der Thüren und Fenster folgte, worauf ein entsetzlicher mit unterirdischem Krachen verbundener Ruck — es lautete, wie wenn das ganze feste Erdgerippe in allen seinen Fugen krache — den eigentlichen Erdstoss ankündigte. Das Schwanken und Rollen dauerte dann noch 1 bis 2 Secunden, worauf wieder Ruhe eintrat, bis nach 4 oder 5 Minuten von denselben Erscheinungen, wenn auch in schwächerem Maasse begleitet, ein zweiter Erdstoss von kürzerer Dauer nachfolgte. Die Dauer des Hauptstosses kann bei den oben erwähnten stärkeren Stössen **vom ersten Rauschen an gerechnet** auf 6, 8, ja bei einzelnen sogar auf 10 Secunden geschätzt werden. Der eigentliche Erdstoss dauerte nie länger als 2 oder 3 Secunden. Bei Tage schienen sämmtliche Erdstösse von kürzerer Dauer zu sein, weil, in Folge des Strassenlärms,

Anfang und Ende der Erscheinung sich der Beobachtung entzogen.

Für die Fortpflanzung des Erdbebenstosses ist es bezeichnend und durch meine Beobachtungen, sowie durch unbestrittene in der „Darmstädter Zeitung" und der „Allgemeinen Zeitung" erschienene Berichte constatirt, dass die Erdstösse in Darmstadt in der auf Felsgrund ruhenden Altstadt heftiger verspürt wurden, als auf dem Alluvialboden der Neustadt. Ein Merkmal ihrer plutonischen Natur sind die ebenfalls durch Zeitungsberichte constatirten, zum Theil erschreckenden Erscheinungen, welche die Erdstösse in den vulkanischen Gebieten des Otzbergs, Rossbergs und des Reichenbacher Thales begleiteten.

Von höchstem Interesse sind in dieser Beziehung die von Herrn Pfarrer Gustav Schlosser in Nr. 5, 11, 15 und 16 der „Kreuz-Zeitung" vom Jahr 1872 mitgetheilten Beobachtungen.

In allen wesentlichen Punkten stimmen diese Beobachtungen mit den meinigen überein, einige Nebenerscheinungen, welche Herr Pfarrer Schlosser in Reichenbach beobachten konnte, sind in so hohem Grade merkwürdig, dass ich mich veranlasst sah, ihn persönlich aufzusuchen und die Mittheilungen, welche mir durch ihn geworden sind, hier zu verwerthen.

Die Schilderung der Erdstösse wiederhole ich in derselben Weise, wie dieses von Herrn Schlosser in der „Kreuz-Zeitung" geschehen ist. „Regelmässig wurden die Stösse durch aus der Ferne heranrollenden Donner angekündigt. Da stockte der Athem, dann fuhr die Bewegung unter dem Hause her, dass man fast den Eindruck einer pfeilschnell sich windenden Riesenschlange erhielt." — Die Empfindung, welche die einzelnen Personen wahrnahmen wird weiter unten in sehr treffender Weise von ihm charakterisirt. „Einige erzählten, es sei ihnen gewesen, wie wenn man sanft auf einem Kahn in einer stillen Wasserfläche gleitet und der Kahn plötzlich an einem unter der Oberfläche verborgenen Pfahl oder Fels anstösst und wieder einmal bezeichneten es fast alle Personen, die ich sprach, mit der Empfindung, welche man hat, wenn zwei Eisenbahnwagen, die rasch und glatt dahin fahren, plötzlich gehemmt mit den Puffern aufeinanderstossen."

Sehr häufig waren die Erderschütterungen so heftige, dass der betreffende Stoss alsdann als ein vollständig vertikaler erschien. Ihre Wirkungen äusserten sich alsdann in mannichfacher Weise und liessen in Gross-Gerau und anderwärts, wo die Schornsteine massenhaft von den Gebäuden heruntergeworfen wurden, ihre deutlichen Spuren zurück. In noch weit merkwürdigerer Weise, als dieses in Gross-Gerau der Fall war, scheint die Erscheinung im Reichenbacher Thale zu Tage getreten zu sein. Es liegt ausserhalb der Grenzen unserer Aufgabe, auf eine nähere Schilderung derselben einzugehen, interessant aber, weil neu, dürfte wohl die Erwähnung der Thatsache sein, dass einer der stärksten Erdstösse, derjenige vom 15. Februar, Vormittags 10 Uhr, von einigen Arbeitern, die, in dem das sogenannte Felsenmeer umgebenden Wald auf hohen Buch-Bäumen sitzend und mit dem Abhauen von Aesten beschäftigt waren, wahrgenommen wurde. Namenlose Angst erfüllte sie, als sich die Baumkronen senkten, aneinander schlugen und der Erdstoss sie mitten zwischen die Felsen in der Tiefe zu schleudern drohte.

Gleich mir beobachtete Herr Schlosser, dass das Erdbeben auf dem Felsgrund heftiger war, als auf dem, wenn auch nicht erheblich dick, in dem Reichenbacher Thale angeschwemmten Alluvium. Unzweifelhaft erscheint es ihm — und es erklärt sich dieses aus acustischen Gründen recht wohl — dass der eigentliche Erdbebenschall auf den Syenitblöcken des Felsbergs weit stärker, das Dröhnen und Rollen weit schrecklicher daselbst ertönte, als auf dem Alluvium.

Hinsichtlich des Erdbebenschalls hat Herr Schlosser mehrere neue Beobachtungen angestellt. In den geschlossenen Räumen der Gebäude war derselbe immer laut und deutlich mit dem Stosse und in dem Gebäude selbst vernehmbar, anders verhielt sich die Erscheinung dagegen im Freien. Unser Gewährsmann beobachtete zwei Stösse auf der von Reichenbach nach Gadernheim führenden Strasse. Er spürte deutlich den Stoss in den

Füssen, allein den Erdbebenschall vernahm er, rollendem Donner gleich, in den Bergen zur Rechten und Linken.

Neu ist auch wohl eine Mittheilung, welche mir Herr Schlosser über die **Beobachtung des Erdbebenschalls in der Frankenberger Mühle bei Reichenbach** machte. Es war der bereits mehr erwähnte Erdstoss vom 15. Februar 1872 Vormittags 10 Uhr. Die Mühle war in voller Thätigkeit, als plötzlich mitten durch den Lärm der Mahlgänge ein Rollen und Donnern ertönte, das alle Insassen des Hauses mit Furcht und Entsetzen erfüllte. Eiligst ergriffen die von einer wahren Panik überfallenen Bewohner die Flucht und kehrten erst zurück, nachdem sie sich auf das vollständigste überzeugt hatten, dass die Gefahr gänzlich verschwunden sei.

XXIII. Erdbeben und Stürme.

Kurz vorher wurde erwähnt, dass **den einzelnen Erdstössen in der Regel ein kurzer Windstoss vorauszugehen pflegte.** Diese Beobachtung wurde uns in Gross-Gerau von den Herren Architekt **Reuling**, Landgerichtsassessor **Bekker**, Pfarrer **Staudinger** und anderen Beobachtern bestätigt und sie ist auch in verschiedenen Specialberichten, welche der „Darmstädter Zeitung" aus Gross-Gerau zugingen, ausdrücklich erwähnt. Auch Herr Kreisassessor Dr. Wolf in Bingen, damals Redacteur der „Darmstädter Zeitung", versicherte mich, als mir im Anfang dieses Phänomen entging und ich meine desfallsigen Zweifel äusserte, auf das bestimmteste, jedesmal einige Minuten vor der Ankunft des Erdstosses einen kurzen, aber heftigen Windstoss wahrgenommen zu haben. Häufig wurden Erdbeben bei stürmischem Wetter beobachtet und es stimmt diese Thatsache auffallend mit Beobachtungen, welche neuerdings anderwärts gemacht wurden, überein. Erwähnung verdienen hier zwei Fälle, welche W. C. Fuchs in seinem Bericht über die vulkanischen Ereignisse des Jahrs

1869 (Jahrbuch von v. Leonhard und Geinitz, 1870) aufführt. Es heisst dort:

12. November. In der grossen Ebene von Bacska fand ein dort sehr seltenes Erdbeben statt. Um 9½ Uhr Abends wurde dasselbe in Neu-Verbasz gespürt. Bei heftigem Sturme hörte man plötzlich ein Geräusch, gleich dem Rollen eines Wagens und sofort begann die Erde zu erzittern. — Am 25. November ward Innsbruck nach heftigem Südsturme von einem Erdbeben heimgesucht.

Unter den Erdbeben des Jahrs 1872 weiss man von dem Erdbeben zu Laibach vom 17. Mai, dass gleichzeitig ein heftiger Sirocco beobachtet wurde. Das bedeutende Erdbeben von Innsbruck vom 8. Juli war von einem Sirocco begleitet, der in Naumburg zu einem wahren Sturme ausartete und von einem furchtbaren Wolkenbruche gefolgt war. Auf dem Bodensee war der Sturm so heftig, wie man seit langem keinen beobachtet hatte, auf den Flaggenmasten der Dampfboote und an allen hervorragenden Punkten, wurde, wie ein Bericht im „Schwäbischen Merkur" erzählt, die Erscheinung des Sanct Elmsfeuers wahrgenommen. Das Sanct Elmsfeuer war so lebhaft, dass es sich nicht allein auf mit metallenen Zwingen versehenen Regenschirmen und Stöcken, die man in die Höhe hielt, festsetzte, sondern selbst auf kleinen Taschenmessern. Wir werden in dem folgenden Abschnitte zeigen, dass auch diese Erscheinung keine zufällige war. Gleichzeitig mit dem Erdbeben. von Yocuhama vom 23. Juli wurden mehrere Schiffe im indischen Ocean durch Orkane, wahrscheinlich Cyclonen, zerstört.

Es ist bekannt und eine erwiesene Thatsache, dass die heftigsten Stürme ebensowohl wie die meisten und heftigsten Erdbeben, um die Zeit der Aequinoctien stattfinden. Wir vermögen in diesem Zusammentreffen keineswegs ein Spiel des Zufalls, sondern nur die Wirkungen einer und derselben Ursache zu erblicken.

Moreau und de Jonnes berichten, dass von 64 Orkanen auf den Antillen 7 mit Erdbeben zusammentrafen. Paullet Scrope betont gleichfalls in seinem soeben erschienenen Werk, dass die Erdbeben am häufigsten bei stürmischem Wetter, während der Orkane, und insbesondere in den Wintermonaten stattfinden. „Derselbe Zusammenhang", sagt er von den Vulkanen, „besteht zwischen der Intensität der vulkanischen Energie in habituel thätigen Schlünden und dem Zustand der Atmosphäre, wie z. B. am Pick von Ternate, in den Molukken, welche während der Aequinoctien mit der grössten Heftigkeit ausbrechen sollen." Auch diese Erscheinung, verbunden mit dem bei Erdbeben so oft beobachteten Sinken des Barometers, lässt sich einfach erklären, sobald man dem Monde einen Einfluss auf die Entstehung von Erdbeben zugesteht. Auch die Atmosphäre hat ihre Ebbe und Fluth, diese Ebbe und Fluth aber bedingt Störungen des atmosphärischen Drucks, die Stürme, Orkane, ja selbst die entsetzliche Cyclone herbeiführen können. Bei der Cyclone selbst beobachtet man in der Regel ein auffallendes Sinken des Barometers. Eine Ausgleichung der entstandenen Verminderung des Luftdrucks kann nur durch eine entsprechende Fluth des Meeres, eine die Cyclone regelmässig begleitende Erscheinung, bewirkt werden. E. Kluge fragt in seiner trefflichen, in dem bereits mehr erwähnten Jahrbuch von v. Leonhard und Bronn im Jahr 1869 erschienenen Abhandlung, ob auf dem Festlande, wo nichts dieses Gleichgewicht herstellen könne, bei der Cyclone an die Stelle der Fluthwelle des Meeres nicht eine Fluthwelle des Erdkerns treten und eine Erderschütterung bewirken könne. Er erinnert an einen in Poggendorfs Annalen 1859, S. 332 und 342 aufgeführten Fall. Am 29. Juni 1846 erlitt das Schiff „Pluto" auf 19° 19' nördl. Breite und 113° 45' östl. Länge durch eine Cyclone Havarie. Am Mittag des 28. stand das Barometer 30,00" englisch, aber es fing an zu fallen und stand gegen 6 Uhr Nachmittags auf 29,90", um Mitternacht auf 29,68", am 29. früh um 6 Uhr auf 29,40". Gegen Mittag erreichte das Schiff die Windstille im Centrum der Cyclone und das Barometer fiel auf 27,55". Der Unterschied des Barometers zwischen der Peripherie und dem Centrum betrug 2,45". Der Druck der Atmosphäre war daher unter dem Centrum der Cyclone um diesen Betrag aufgehoben. Die nothwendige Folge davon musste sein, dass auf dem Meere zur Herstellung des Gleichgewichts das Wasser sich um 23,4' hob. „Darf nicht auch angenommen werden, dass auch der innere, feurigflüssige Erdkern von dieser Verminderung des Drucks berührt wird?"

Dr. E. Kluge weist darauf hin, dass auf dem Festlande, wo äusserlich nichts dieses Gleichgewicht herstellen kann, es unterbrochen bleiben müsste, wenn aber die innere Masse der Erde feurig-flüssig ist, so muss zur Herstellung desselben ein gleicher Druck von innen nach Aussen entstehen. „Die Wasserfluthwelle, die unter dem Centrum der Cyclone herläuft, wird sich auf dem Festlande in eine unterirdische Fluthwelle verwandeln, die nach oben drückt, während der Widerstand des Festlands um diesen Druck vermindert ist. Zwei und ein halb Zoll Quecksilber repräsentiren den zwölften Theil des Drucks der ganzen Atmosphäre. Die Atmosphäre drückt aber auf einen Quadrat-Zoll mit einem Gewicht von 15 Pfund, und daraus ergibt sich, dass der zwölfte Theil dieses Drucks auf die Fläche von einer Quadratmeile das enorme Gewicht von 940 Millionen Centner ergibt. Es ist wahrscheinlich, dass diejenigen Cyclonen, aus deren Centren Schiffe glücklich herausgekommen sind, noch nicht zu den stärksten gehörten, und dass die, in welchen Kriegsschiffe untergingen, wohl noch eine grössere Druckhöhe gehabt haben mögen. Die Cyclonenbahnen durchschneiden die Mond- und Sonnenbahnen und bilden mit diesen ein weit verbreitetes System von Gleichgewichtsunterbrechungen auf dem Festlande, die fortwährend die flüssigen Massen im Inneren der Erde zur Thätigkeit anregen und, wenn eine Cyclonenfluth mit einer Springfluth zusammentrifft, so kann die combinirte Fluthwelle leicht die Kraft von einer Drittel-Atmosphäre und darüber erreichen. Es ist daher denkbar, dass eine solche unterirdische Fluthwelle durch ihren Druck Ursache einer starken Erschütterung werden kann. Dem Einwurfe, dass nicht bei allen Cyclonen Erschütterungen stattfinden, ist leicht dadurch zu begegnen, dass die Erdkruste wohl nicht überall gleich dick ist und die Strukturen der Gebirgsschichten jedenfalls eine verschiedene Dichtigkeit besitzen."

Dass Kluge die Gewalt der Cyclonen nicht zu hoch schätzt, ist unzweifelhaft. Piddington zählt eine Reihe von Fällen auf, in welchen das Barometer um $1\frac{1}{2}$ bis $2\frac{7}{10}$ Zoll gesunken war. Es sind also sogar Fälle vorhanden, in welchen noch weit grössere als die von Kluge angenommenen Fluthwellen erzeugt wurden. Man kann einwenden, dass, da die Cyclonenwelle keine sehr grosse Höhe erreicht — für jeden Zoll, um welchen das Barometer fällt, steigt das Wasser an der betreffenden Stelle um etwas mehr als einen Fuss — so dass die Höhe einer Cyclonenwelle nur in aussergewöhnlichen Fällen mehr als zwei Fuss beträgt, noch von weit geringerer Bedeutung sein müsse. Allein wir weisen nochmals darauf hin, dass nicht die Höhe der Cyclonenwelle, **sondern die Wassermasse**, welche sie mit sich fortbewegt, ihre Bedeutung ausmacht. **Auch bei der Fluth des feuer-flüssigen Erdkerns kommt nicht die Höhe der Fluth, sondern die fluthende Masse in Betracht**, die, wie wir oben ausgeführt haben, noch weit grösser ist als diejenige des Meeres, es ist also auch recht wohl denkbar, dass sich, wenn die Fluth des Erdkerns in unterirdische Spalten und Thäler eindringt, Fluthen von mehreren Fuss Höhe erzeugen können, die in Folge des Anpralls der gewaltigen Masse, deren Dichtigkeit nahezu sechsmal grösser ist als diejenige des Wassers, wahrhaft imposante Wirkungen im Gefolge haben kann.

Wenn nicht alle Cyclonen von Erdbeben begleitet sind, so liegt das nicht allein, wie Kluge meint, an der verschiedenen Dicke und Struktur der Erdrinde, sondern es werden auch viele Erdbeben in dem wahrhaft infernalischen Getöse der tropischen Orkane, von deren Gewalt der Bewohner der gemässigten Zone gar keine Vorstellung hat, nicht beobachtet. So sind z. B. über den berühmten Orkan vom 10. October 1780 von Reid die vorhandenen Berichte gesammelt worden. (Sie sind von Dove übersichtlich bearbeitet worden, Poggendorfs Annalen 1841). Unter diesen Berichten befindet sich ein solcher von dem Admiral Sir George Rodney, in welchem derselbe sagt: „Unmöglich ist es, die grässliche Scene zu schildern, welche Barbados darbietet. Nur meine eigene Anschauung hat mich von der

Möglichkeit überzeugen können, dass der Wind eine so gänzliche Zerstörung einer blühenden Insel hervorbringen kann. **Ich bin fest überzeugt, dass die Heftigkeit des Sturmes die Einwohner verhindert hat, das Erdbeben zu fühlen, welches ohne Zweifel den Sturm begleitet hat, denn nur ein Erdbeben vermag die massivsten Gebäude bis in ihre Grundvesten zu zerstören.** So vollständig ist die Verwüstung, dass keine Kirche, kein Haus ihr entgangen ist."

Wenn in dem vorliegenden Fall ganze Städte von Erdbeben zerstört werden und die Erschütterung und das damit verbundene Getöse unbemerkt blieb, um wie viel wahrscheinlicher erscheint es, dass schwächere Erschütterungen häufig, ohne wahrgenommen zu werden, vorübergehen. Ein am 25. Mai dieses Jahres gleichzeitig mit einem heftigen Gewitter in Darmstadt stattgehabten Erdstoss (Morgens 3 Uhr) blieb von der grössten Mehrzahl der Bewohner unbemerkt.

Für uns ist die plutonische Thätigkeit unserer Erde eine keineswegs isolirt für sich dastehende, wenn auch die Bedingungen für das Erwachen derselben durch ihre eigene Beschaffenheit gegeben sind, so erscheint doch dieses **Erwachen selbst** keineswegs als ein zufälliges, sondern nachdem wir auf die grossartige Weise hingewiesen, in welcher sich oft die plutonische Kraft manifestirt und nachdem wir ihre schon von zahlreichen Forschern hervorgehobenen Beziehungen zu Mond und Sonne erörtert, erscheint uns dieselbe als befördert durch den Einfluss, den die Weltkörper gegenseitig auf einander ausüben.

Cyclonen, Fluthen und Erdbeben sind vielfach die Folgen von Störungen des Gleichgewichts in grösserem Maassstabe, welche durch Mond und Sonne verursacht sind, gross genug, um auf der Erde die imposantesten Wirkungen zu äussern.

XXIV. Elektrische und magnetische Erscheinungen, welche die Erdbeben zuweilen begleiten.

Ein eigenthümliches Phänomen sind die elektrischen Lichterscheinungen, deren Humboldt bereits als Begleiter der Erdbeben gedenkt. Nr. 318 der „Allgemeinen Zeitung" vom Jahr 1869 führt in dieser Beziehung eine allgemein bekannte, unbestrittene Beobachtung auf, welche in Gross-Gerau von zwei wissenschaftlich gebildeten Männern gemacht wurde. Nach dem Erdstosse, welcher am 3. November nach 11 Uhr statt hatte, bemerkten beide einen von Norden nach Süden sich erstreckenden, rasch verschwindenden Lichtbogen. Auch die Schrift von Noeggerath erwähnt Seite 62 eines derartigen Falls, es sei, sagt der der „Darmstädter Zeitung" entnommene Bericht, vor dem Stosse, welcher am 30. October 8 Uhr 5 Minuten erfolgte, eine plötzlich erscheinende und rasch wieder verschwindende Lichterscheinung, wie von entzündetem Pulver, sichtbar gewesen, Noeggerath wiederholt Seite 77, dass Phänomene dieser Art bei mehreren Erdbeben sichtbar gewesen seien. In Gross-Gerau wurde mir dieses auf das bestimmteste bestätigt. Auch Herr Pfarrer Schlosser versicherte mir neuerdings noch ausdrücklich, in Reichenbach zweimal gleichzeitig mit einem Stosse ein Wetterleuchten, einmal in sehr hohem Grade, wahrgenommen zu haben. Auch in dieser Beziehung zeigen also die Erdbeben eine Analogie mit anderen vulkanischen Erscheinungen; auch den Kratern der Vulkane entsteigen Blitze, als Folge-Erscheinungen der chemischen Processe, die sich im Inneren ihres Schlundes vollziehen. Wo sich grossartige physische und chemische Processe vollbringen, da ist auch die Electricjtät ihr unzertrennlicher Begleiter. Am merkwürdigsten in dieser Beziehung ist ein von Gay-Lussac (Annales de chimie et de Physique 58, p. 108—218) mitgetheiltes Beispiel, der nach genauen amtlichen Berichten eine Beschreibung eines Sturms, der am 25. Juli 1825 auf der Insel Guadeloupe statt hatte, gibt. Der Wind schien zu leuchten und eine silberne Flamme, welche durch die Risse der Mauern und Oeffnungen der

Fenster und durch die Thürschlösser drang, liess es scheinen, als stände der Himmel in Flammen. Das elektrische Licht ist bei dem Erdbeben, gleichwie das Sanct Elmsfeuer bei den Stürmen und als Blitz, welcher inmitten der Cyclonen vom Himmel schiesst, der Verkünder grosser, gewaltiger Naturvorgänge. — Magnetische Störungen wurden mehrmals bei Erdbeben der letzten Jahre beobachtet. Auch zwischen Nordlichtern und Erdbeben scheint ein gewisser Zusammenhang zu existiren. Weitere Schlüsse in letzterer Beziehung zu ziehen, erscheint uns als zu gewagt. Wir besitzen noch nicht die Kataloge der Smithsonian-Institution, welche im Jahr 1869 eine Zahl von 192, 1870 sogar 233 Nordlichter registrirte! Auch noch eine in Aussicht gestellte Abhandlung von einem der ersten Nordlichtkenner, de la Rive in Genf, der die Ergebnisse seiner sämmtlichen Beobachtungen in derselben niederzulegen gedenkt, ist zu erwarten. Auch dann dürfte es wohl noch schwer werden eine Erklärung auf diese Beobachtungen gründen zu wollen. Man kann hier nur vermuthen und ahnen!

Wie Newton aus der lichtbrechenden Eigenschaft des Diamanten dessen Kohlenstoff ahnte, kann man nur die Wege errathen, welche die künftige Forschung zu betreten hat. Vielleicht gelingt es einem anderen Jahrhundert, den Faden zu finden, der uns durch das Labyrinth der grossen kosmischen Processe hindurchführt und der zukünftige Forscher erkennt die ahnungsvollen Worte des Dichters:

> Wie alles sich zum Ganzen webt,
> Eins in dem anderen wirkt und lebt,
> Wie Himmelskräfte auf und nieder steigen
> Und sich die goldenen Eimer reichen.